T0107893

Contact des langues

dans l'espace
arabo-turco-persan
I

BIBLIOTHÈQUE IRANIENNE

59

Fondée en 1949 par Henry Corbin,
la Bibliothèque Iranienne
est publiée
par

INSITITUT FRANÇAIS DE RECHERCHE EN IRAN
Boîte Postale 15815-3495 Téhéran, Iran
Site internet : http://www.ifriran.org
e-mail:ifri@ifriran.org

Couverture : Sani' ol-Molk, illus. pour le ms. *Hezar-o yek shab*, 1853, in : Yahya Zoka, *Life and works of Sani' ol-Molk*, Téhéran, PUI, 2003, p. 133.

Contact des langues

dans l'espace
arabo-turco-persan
I

Actes du colloque organisé par l'INALCO (ERISM),
l'Université de Téhéran et l'IFRI
(9-10 mai 2001, Téhéran)

Textes édités par
Taghi Azadarmaki, Christophe Balaÿ, Michel Bozdémir

Institut Français de Recherche en Iran

Université de Téhéran

Institut National des Langues et Civilisations Orientales

Edition Mo'in

*Ce volume est publié
par l'Institut Français de Recherche en Iran avec le concours de la
Direction Générale de la Coopération Internationale et du Développement
du Ministère des Affaires étrangères,
Sous-Direction des Sciences Sociales, Humaines et de l'Archéologie (Paris)*

*et avec la participation
du Centre du Dialogue entre les Civilisations (Téhéran)*

Dépôt légal : 2005
Composition et réalisation : IFRI, Téhéran
Imprimé en Iran

P

Diffusion
PEETERS, B.P. 41, 3000 Louvain, BELGIQUE

SOMMAIRE

PRÉFACE

L'Iran, où s'est tenue cette conférence de sociolinguistique sur le contact des langues, est un terrain très approprié si l'on se souvient qu'il fut, dès sa fondation, pourrait-on dire, le champ privilégié de la circulation et de la rencontre des langues : les inscriptions royales achéménides – plurilingues – sont la preuve et le sceau de ce phénomène.

La conférence de Téhéran, organisée conjointement par l'Ifri, l'Inalco et l'Université de Téhéran, par sa diversité, la complexité de sa problématique, l'étendue du champ qu'elle s'est défini, démontre tout l'intérêt de ce choix.

L'étude démographique du polylinguisme en Iran donnera tout d'abord la réponse chiffrée à cette question du contact des langues en Iran et tout particulièrement celle du rôle joué par le persan face à une petite dizaine de langues concurrentes (sur un peu plus d'une trentaine de langues et dialectes).

Parmi les langues qui entrèrent en contact avec le persan, l'arabe – langue coranique – tient une place privilégiée. En effet, dès la conquête arabe, les Iraniens – les premiers parmi les peuples conquis et acquis à l'Islam – surent développer ces formes superbes d'intertextualité que furent les *tafsirs* (moyen terme entre la traduction, l'interlinéaire et le commentaire). La langue persane, tout en offrant à un grand nombre des clefs de lecture pour le Coran, s'enrichit d'une foule de mots et d'expressions qui transformèrent en profondeur le vocabulaire persan de base en même temps que naissait une culture musulmane qui dépassa singulièrement les bornes de la géographie ou de l'ethnicité.

Si l'on place les phénomènes de langue dans une perspective culturelle, le contact du persan et de l'arabe amène à poser la question du statut d'une langue par rapport à l'autre. En observant le système pédagogique des langues dans l'Iran d'aujourd'hui, on doit constater que l'arabe s'inscrit dans le même paradigme que le persan – langue nationale – pour les programmes du collège, du lycée et de l'université, toutes les autres langues étant traitées comme des langues étrangères. La relation – d'ordre culturel – que l'arabe entretient de façon privilégiée avec le persan est comparable à celle que le français a longtemps entretenu avec le latin.

Contrairement à leurs voisins turcs de Turquie, les Iraniens ont développé depuis l'antiquité une pratique ordinaire, consensuelle et intégrée du contact des langues. Le persan, langue de l'ethnie au pouvoir, langue de la cour et de quelques cercles restreints dans l'empire, a survécu, mystérieusement, à toutes les vicissitudes de l'histoire politique de l'Iran, successivement envahi par les Grecs, les Arabes, les Turcs et les Mongols. Les Iraniens – est-là un trait de leur génie ? – ont toujours accueilli l'Autre d'où qu'il vienne, en ami ou en ennemi, ont su l'acclimater, l'amadouer voire l'assimiler. Le perse puis le persan, se sont constamment trouvés et retrouvés tout au long de cette histoire comme dénominateurs d'une vaste et commune culture. Le cas du turc d'Azerbaïdjan, parfois nommé *azari*, est à cet égard exemplaire. Ne pouvant s'inscrire dans une problématique de bilinguisme – le persan demeurant, d'un commun accord, ce dénominateur – le turc d'Azerbaïdjan est devenu la composante d'une diglossie institutionnalisée dans laquelle non seulement il n'occupe pas un statut minoré mais au contraire jouit d'une normalisation progressive. Parlera-t-on d'exception iranienne ?

Aux marges de l'aire persanophone du plateau iranien, des langues d'origine différente, les langues de la famille turco-altaïque, offrent aussi au cours de l'histoire des occasions de contacts qui enrichissent la problématique.

Lié à l'origine à l'installation des tribus turkmènes à l'Est de la Caspienne, le turkmène joue successivement son destin en se confrontant à l'arabe et au persan, puis au russe pendant la période coloniale tsariste puis soviétique pour lorgner enfin du côté de l'anglais, la langue du nouveau rêve mondialiste. Dans ce parcours, la langue d'origine, dans ses graphies successives, ses ajouts et les « différentes opérations chirurgicales » que subissent sa syntaxe et son lexique, devient un « élément étranger » pour ses locuteurs « qui trouvent paradoxalement dans la langue russe une valeur refuge » quand le colonisateur s'est politiquement retiré.

La question du contact des langues est un instrument privilégié pour répondre à la question anthropologique majeure posée par la transformation des sociétés centre-asiatiques dans le contexte post-soviétique : celle des référents identitaires.

La langue, mieux : le jeu de trois langues – la langue officielle, la langue maternelle et la langue de la religion – constitue un référent majeur.

L'arabe, le persan, les langues turques, (et au-delà le russe et l'anglais) jouent et se combinent dans une définition ethno-culturelle qui permet de comprendre à la fois les enjeux identitaires et les diverses solutions que choisissent les peuples centre-asiatiques.

L'autre approche, non moins nécessaire que celle du fait ethnique, est politique : la langue comme enjeu de pouvoir. Dans une région aussi complexe et mouvante, une étude historique s'impose. Elle fait apparaître les points de rupture et les continuités dans l'évolution d'une culture nationale, par delà même les événements historiques, si forts et si prégnants soient-ils.

A l'Ouest de l'Iran, la Turquie, fondée politiquement et culturellement sur les ruines de plusieurs empires, voisine et rivale de deux grandes cultures à son est et à son sud, la culture persane et la culture arabe, avec pour horizon occidental celui de la culture européenne, est aussi un terrain très propice aux contacts linguistiques. La langue et la culture ottomanes en furent la belle illustration. L'analyse de la période des *tanzimat* montre, par exemple, la dette du persan moderne au vocabulaire politique ottoman.

A l'époque moderne, on assiste à l'entreprise de « purification » autoritaire ordonnée par le régime kémaliste pour recréer une nouvelle langue à 100%

turque, ce qui tendrait à relativiser lés principes saussuriens en montrant qu'une politique arbitraire peut infléchir le cours d'une évolution, au point qu'une langue soit imposée pour la cause nationale à l'ensemble d'une population, parfois au mépris des différences ethniques, linguistiques et culturelles existantes. L'évacuation du vocabulaire arabo-persan, qui faisait partie intégrante de l'ottoman, constitue sans aucun doute un tournant non seulement linguistique mais aussi socioculturel. La persistance de certaines directives comme l'interdiction de l'arabe et du persan dans l'enseignement secondaire, peut révéler la force institutionnelle de ce mouvement mais sans doute aussi la fragilité dans le temps d'un tel conditionnement politique.

L'intertextualité, enfin, est le fondement de tout texte littéraire. La littérature, plus qu'un autre champ peut-être, en raison de sa position stratégique au point de vue historique, anthropologique, politique, religieux, culturel... est située au carrefour de traditions multiples, elles-mêmes transmises par des langues multiples.

Dans la littérature persane, un genre a favorisé au plus haut point le contact et l'échange linguistique, c'est celui du conte, territoire immense, océan, a-t-on l'habitude de dire. De nombreuses traditions narratives se croisent indéfiniment sur la ligne du temps : celle du *Kalilé et Demné* est exemplaire entre toutes, depuis ses origines indiennes sanskrites, puis iraniennes sassanides, puis pehlevi, puis syriaques et encore arabes avant de passer en persan, puis en géorgien, en turc oriental et en turc ottoman, sans compter les nombreux avatars et autres fortunes comme celle des *Fables* de La Fontaine. Le conte, ou la fable, peut ainsi être envisagé comme le maillon d'une chaîne quasi ininterrompue de langues, de pays, de calligraphies, d'enluminures... qui assure dans l'histoire la pérennité du dialogue des civilisations.

TABLEAU DE TRANSLITTÉRATION

ḍ	ض		ā	آ
ṭ	ط		b	ب
ẓ	ظ		p	پ
'	ع		t	ت
ġ	غ		t̠	ث
f	ف		j	ج
q	ق		č	چ
k	ک		ḥ	ح
g	گ		ḫ	خ
l	ل		ḫᵛ	خو
m	م		d	د
n	ن		d̠	ذ
v, w	و		r	ر
a (h) final, h	ه		z	ز
ā, ī, y	ى		ž	ژ
īy (iyy)	يّا		s	س
' (sauf à l'initiale),	ء		š	ش
-ye/yi (en cas d'*iḍāfa*)			ṣ	ص

Le système vocalique :

Brèves	a	e	u
Longues :	ā	ī	ū
Diphtonques :	ay		aw

Le و a été transcrit **v** pour le persan, les mots arabes isolés utilisés en persan (p. ex. *taṣavvut*, *ḫavāṣṣ* etc.) et les noms d'auteurs d'origine iranienne (p. ex. Qazvīnī, Suhravardī) ; il a été transcrit **w** pour les titres d'ouvrages et les citations en arabe.

Les noms géographiques et ceux des dynasties les plus courants ont été reproduits tels qu'en usage.

Les dates à barre oblique correspondent à H.Š./A.D.

LISTE DES COLLABORATEURS

Mehri BAHÂR : *Maître de conférences en sciences de la communication, Université de Téhéran*

Taghi AZADARMAKI : *Professeur de sociologie, Université de Téhéran*

Hossein ESMAÏLI : *Maître de conférences de persan, INALCO, Paris*

Ali AFKHAMI : *Maître de conférences de littérature, Université de Téhéran*

Muhammad-Reza FAKHR-ROHANI : *Maître de conférences de littérature, Université de Qom*

Mehdi AMANI : *Professeur [retraité] de démographie, Université de Téhéran*

Ayadi CHABIR : *Maître de conférences d'arabe, INALCO, Paris*

Johann STRAUSS : *Maître de conférences de turc, Université Marc Bloch, Strasbourg*

Michel BOZDÉMIR : *Professeur de langue et civilisation turques, INALCO, Paris*

Sonel BOSNALI : *Maître de conférences adjoint, Université du Bosphore, Istanbul*

Philippe BLACHER : *Chargé de cours, INALCO, Paris*

Catherine POUJOL : *Professeur de civilisation de l'Asie centrale, INALCO, Paris*

Habiba FATIH : *Chercheur, Institut Français d'Etudes sur l'Asie Centrale, Tachkent*

Les articles de M. Bahâr, T. Azadarmaki, H. Esmaïli, A. Afkhami, M. Amani ont été traduits du persan en français par Yolande MOMTAZ

Mehri BAHÂR

INTERFÉRENCES LINGUISTIQUES ET CULTURELLES EN IRAN

En tant qu'élément essentiel de la culture, le langage subit des modifications liées à la conjoncture socioculturelle. De telles mutations peuvent être extrêmement vastes ou ne refléter que la perméabilité d'une langue à l'un des éléments d'une culture étrangère, en l'occurrence sa langue. Tout en prenant en considération les modifications subies par la langue persane, cet article vise à observer la mutation culturelle survenue en Iran. Depuis l'islamisation de l'Iran, la langue et la culture persanes ont en effet connu une évolution consécutive à l'influence de la langue arabe. Ce qui retiendra ici notre attention est une évaluation de la portée de ces relations interculturelles ainsi que celle de l'ascendant de la langue arabe sur la langue persane, ceci en nous référant aux manuels de littérature destinés aux élèves du second cycle du lycée.

PRÉAMBULE ·

Le langage est considéré comme étant l'une des composantes essentielles de toute culture et de toute société, de telle sorte qu'il est d'une importance capitale pour bien connaître les diverses cultures, leur expansion et leur évolution. Toutefois, le langage, dans toute nation et toute culture, connaît des mutations susceptibles d'être comprises et étudiées plutôt par les linguistes que par le commun des mortels. Certains, dans le sillage de Noam Chomsky, pensent qu'un certain nombre d'unités lexicales, morphologiques et sémantiques appartenant à diverses langues sont universelles. Le caractère universel de ces éléments ne signifie pas qu'ils perdent forcément leur aspect autochtone et spécifique. Selon lui, « des éléments universels existent dans toutes les langues, mais le terme « universel » signifie ici qu'ils peuvent quelque peu différer et ne pas être forcément répandus ; de plus, ces unités peuvent être définies en dehors de leur appartenance à une langue donnée. Enfin, intégrées dans des langues particulières, elles peuvent être identifiées sur la base de leur définition dans le cadre d'une théorie globale »[1].

---

1. John Leinz, *Čomsky*, trad. Aḥmad Samī'ī, Entešārāt 'elmī va Farhangī, 1357/1978, Tehrān, p. 122.

Compte tenu de l'interprétation de Chomsky relative à la situation des langues en tant que phénomènes à la fois nationaux et universels, il est possible de soutenir qu'elles sont susceptibles de modifications à divers niveaux. Tout en pouvant subir l'influence d'autres idiomes, elles peuvent, fortes de leur universalité, perdurer en tant que langues particulières. A titre d'exemple, il est vrai que la langue persane a été influencée par la langue arabe et que même les langues anglaise et française et bien d'autres encore connaissent des mutations. Cependant, la langue persane perdurera en tant que telle car c'est un idiome qui réunit les conditions d'intégration d'éléments étrangers. Ainsi, elle reste persane en dépit de l'existence d'éléments étrangers en elle.

Souligner l'importance de la langue ne signifie pas ignorer d'autres facteurs, comme la conjoncture économique, la situation géographique, les événements politiques, les guerres, les personnalités, le graphisme, la documentation et les livres, tous influents dans la création de tels liens et rapports interculturels.

La langue, en tant que phénomène socioculturel peut, tout en revêtant un aspect culturel, constituer un moyen de transmission de la culture à une nouvelle génération par celles qui l'ont précédée. Elle constitue en effet l'un des facteurs essentiels de liens entre les cultures et les générations.

L'ARABE ET LE PERSAN

L'étude de l'interférence des langues tient à une compréhension claire de l'étude de la langue concernée ainsi que du degré d'influence de la culture liée à cette langue sur l'autre. Bien qu'apparemment nous entendions par langue le langage parlé, il faut savoir que la langue est constituée d'un ensemble ordonné formant un système de règles appelé grammaire, propre à chaque culture et nation. Selon Saussure, pour distinguer langue et langage, il faut rappeler que lors de l'influence d'une langue sur une autre les deux sphères se trouvent modifiées, à savoir la langue ou idiome au sens de système de règles et le langage en tant que parler véritable ou acte de manifestation orale de la langue [2]. Nous pouvons donc déduire de cette affirmation que l'influence sur une langue des unités linguistiques étrangères qui l'ont pénétrée implique des mutations tant dans la langue écrite que dans le langage parlé. On ne peut donc étudier ces deux domaines séparément.

Parmi toutes les langues du monde, il existe une langue se rapprochant le plus d'une langue locale donnée en ce sens qu'elles possèdent toutes deux des fondements communs d'ordres linguistique, culturel, historique et social. Le potentiel d'influence de ces langues voisines est bien plus élevé comparé à

---

2. Ferdinand de Saussure, *Cours de linguistique générale*, p. 31.

celui d'idiomes éloignés, différents du point de vue culturel et pratiqués dans des cadres et conditions historiques distincts.

En ce qui concerne l'introduction dans la langue persane d'éléments d'idiomes étrangers et leur influence sur elle, il existe de nombreux points de vue. L'un d'entre eux exprime l'idée que, du fait du contexte historique lié à la langue arabe et de l'affinité particulière entre les cultures arabe et iranienne, ces deux langues présentent des points communs. Il est indubitable que ce fait a contribué à augmenter sensiblement leur potentiel d'influence réciproque, si bien que les textes que nous avons sélectionnés dans les manuels scolaires persans contiennent environ 80% d'expressions et mots arabes [3].

On peut citer, à titre d'exemple, la phrase suivante :

> Har nevešte bāyad az jahāt-e gūnāgūn, mohtavā, bayān, ṣoḥbat va e'tebār, deqqat, naẓm, ārāstegī, alā'em-e negāreší va… bāzbīnī šavad.

Dans l'ensemble, cette phrase, excepté un ou deux mots persans, est arabe [4].

Néanmoins, l'influence de l'arabe sur le persan reste relative en ce sens que, si les mots et expressions utilisés sont surtout arabes, la forme et les règles persanes leur sont bien souvent appliquées.

La langue persane, en raison de ses importants points communs avec la langue arabe, ne peut plus se défaire de ces unités lexicales arabes. L'application du slogan « Sauvegardons la langue persane », expression récente pour une démarche nouvelle destinée à éliminer les mots étrangers, a conduit à la recherche d'équivalents persans qui, parfois, existaient déjà. Toutefois, il reste que ce slogan ne peut guère concerner la langue arabe, car, des centres ou instituts d'enseignement (à divers niveaux), créés après la révolution islamique, ont entrepris de modifier la structure ainsi que les règles de la langue persane tant un point de vue de la grammaire que de l'expression orale. Ainsi, à l'écrit comme à l'oral, on remarque une grande quantité de mots arabes, dont *ta'allol*, *naḥvan*, *asāsan*, *rasman*, *marāsem*, *ḥālatan*, *ṣūratan*, etc….

A propos du degré d'influence de la langue arabe sur la langue persane, plusieurs questions essentielles se posent :

1- Dans quelles circonstances la langue arabe a-t-elle pénétré dans la société iranienne ?

2- Quel a été le facteur le plus déterminant dans le choix et l'emploi de l'arabe ?

3- Quelle est la portée de cette influence ? Autrement dit, dans quel domaine (poésie ou prose) le persan a-t-il subi l'influence de l'arabe ? …

4- Où les éléments nouveaux apparaissent-ils dans la structure de la langue ?

---

3. Selon les auteurs des manuels de littérature du second cycle du lycée.
4. *Adabiyāt-e fārsī* (littérature persane), première année du second cycle, p. 22, 1380.

Compte tenu de l'énoncé des deux premières questions, il est possible d'avancer que, bien que la première langue parlée par les Iraniens soit le persan, l'arabe jouit d'un statut particulier par rapport aux autres langues. En effet, la religion officielle de l'Iran est l'Islam dont la langue est l'arabe. C'est pourquoi il existe une affinité particulière entre le persan et l'arabe, née de facteurs culturels et religieux, de l'analogie du graphisme et de l'alphabet, de la proximité géographique des autres pays musulmans et de bien d'autres facteurs spécifiques.

Outre les facteurs susmentionnés, de nombreuses autres raisons sont à l'origine de la propagation de la langue arabe dans la littérature persane. On peut ici en mentionner trois :

• La proximité de ces deux langues du point de vue du graphisme et de l'orthographe.
• Le fait que les musulmans se considèrent tenus de mémoriser nombre de versets coraniques et de *hadiths* et de prononcer des phrases arabes tant dans le langage courant de la vie quotidienne que pour faciliter la bonne compréhension des termes et versets coraniques.
• La communauté de religion des deux cultures.

L'influence de l'arabe sur le persan a conduit à l'introduction dans la langue persane de nombreuses expressions et unités linguistiques arabes et, par là, à son développement et sa mutation. Nous en voyons chaque jour des exemples patents dans la poésie, les romans, les articles et les conversations.

Suite aux profondes modifications survenues dans la langue persane, particulièrement après la révolution islamique d'Iran, on doit reconnaître qu'une telle pénétration n'est pas seulement limitée aux ouvrages théologiques (ce qui s'explique par la nature spécifiquement religieuse de tels ouvrages et le fait que l'arabe est la langue du Coran) mais touche largement d'autres domaines et sujets, si bien qu'aujourd'hui il est difficile en Iran de trouver des écrits persans qui ne regorgent pas d'expressions et mots arabes.

ETUDE EXPÉRIMENTALE

Il convient ici tout d'abord de souligner quelques points de méthode. En effet, pour cette étude expérimentale, nos démarches successives, à savoir le choix du cycle d'études, des manuels de littérature ainsi que la sélection des termes et expressions, ont suivi les méthodes de recherche habituellement mises en œuvre en sciences sociales, en l'occurrence, entre autres, l'analyse de contenu et l'échantillonnage.

Méthode d'étude

Pour entreprendre cette étude, nous avons eu recours à la méthode de recherche documentaire. En ce qui concerne l'étude de l'historique de la langue arabe en Iran, la référence à certains textes, dont ceux contenus dans les manuels scolaires, s'est avérée indispensable. C'est pourquoi une partie de cet exposé est consacrée aux antécédents et à la place de la langue arabe ainsi qu'à la portée de son influence sur la culture et la littérature persanes d'après les manuels scolaires dont ont été extraits sujets et textes pertinents. Afin de mettre en évidence l'étendue de l'influence de l'arabe sur le persan, nous avons adopté la méthode d'analyse de textes. Ici, dans le but de mettre au jour les liens entre ces deux langues, il est possible d'en considérer divers aspects: la syntaxe, l'expression orale, le style, la poésie, la prose et la sélection de termes arabes. Dans la mesure où il était impossible de faire porter l'étude sur l'ensemble des manuels scolaires des différents cycles d'études, nous avons dû élaborer un modèle plus satisfaisant. C'est pourquoi, compte tenu de la possibilité d'échantillonnage offerte par la discipline des sciences sociales, nous avons choisi les manuels de littérature du second cycle du lycée.

En ce qui concerne ce genre d'études, il convient de préciser quelques points :

1- En raison de l'abondance des manuels scolaires destinés au second cycle du lycée, seuls les livres de persan et de littérature ont été examinés.

2- Les références et exemples sont tirés des manuels scolaires.

3- S'agissant du style actuel de la langue persane, de l'influence arabe sur la prose et la poésie, de l'introduction de noms arabes et des règles, les exemples donnés ont été tirés du contenu des livres de classe.

4- Les manuels du second cycle du lycée, de la première année à l'année pré-universitaire sont étudiés dans l'ordre et les points concernant la langue arabe, son orthographe ou ses règles au niveau de l'arabité ont été également pris en considération.

L'examen des leçons du primaire et du secondaire nous conduit à constater, outre le bouleversement de la langue persane sous l'influence de l'arabe et l'importance de connaître ces mutations, que la propagation de la langue arabe, tout comme elle s'était autrefois manifestée dans des œuvres telles *Kalila et Dimna* ou les écrits de Saʿdī et Mowlavī, a atteint des livres de classe tels que manuels de géographie, d'histoire, de philosophie, de sciences sociales, etc.... Il se peut qu'une telle extension ait pour origine deux raisons : 1) Les expressions et mots arabes étant désormais considérés comme familiers et fondus dans la langue persane, leur emploi ne se limite pas à un sujet particulier. 2) Il existe une corrélation entre la littérature et les autres disciplines mentionnées. Par conséquent, des rapports existent également entre la linguistique, la littérature, la philosophie, l'histoire, etc.. Il n'y a pas de raison que cette infiltration de la langue arabe soit limitée aux ouvrages littéraires.

Interférence linguistique dans les manuels de second cycle du lycée

Pour le sujet qui nous retient, il ne fait aucune différence que notre examen porte sur un manuel de littérature ou de sciences sociales,. Ici, en raison du champ restreint du sujet de cette étude, nous n'examinerons que les manuels de littérature des quatre années de second cycle du lycée. La raison en est que l'apprentissage et l'influence de la langue arabe présentent une plus grande importance au cours de ce cycle, qui, dans une certaine mesure, peut éventuellement préparer à leur spécialisation les candidats désireux de poursuivre des études universitaires de langue arabe.

Manuel de première année

Ce manuel, constitué de 9 chapitres, renferme des modèles anciens et contemporains, en vers et en prose, regorgeant de mots arabes. A la fin du manuel, les mots ardus se trouvent réunis par ordre alphabétique en un lexique. La plupart de ces termes sont d'étymologie arabe, ce qui prouve la pléthore de mots arabes dans ces textes. Par exemple, une lecture attentive de cette phrase « talṭīf-e ʿavāṭef va elteḍāḍ adabī az rāh-e moṭālʿe-ye motūn-e ʿarabī... » nous fait constater qu'elle ne contient qu'un terme persan, tous les autres étant arabes.

On peut trouver dans ce livre d'autres exemples tels que des paraboles et récits en vers *maṯnavī* de Mowlānā ainsi que de nombreux hadiths relatifs au Prophète [5]. Les pages 51, 52 et 53 nous apprennent que les récits susmentionnés ont pour caractéristique d'avoir une relation particulière avec ces hadiths. Le hadith « men kān Allāh kān Allāh » en est un exemple [6].

Le morceau en prose choisi pour ce manuel, *Kalila et Dimna*, reproduit à la page 14, foisonne de mots arabes. Bien que l'objectif du manuel soit l'enseignement de la langue persane, on y constate une insistance sur les mots et expressions arabes, même dans le texte de *Kalila et Dimna*. Une partie du livre, intitulée « art et culture », traite des diverses formes culturelles et artistiques de l'Iran, dont l'art de l'architecture des mosquées. Ce dernier sujet est introduit par une référence aux plus anciennes mosquées, à savoir celles que les conquérants arabes ont édifiées à Bassorah, Kufeh et Fostât. Tout au long de ce texte, les mots arabes et les versets coraniques foisonnent.

Certains poètes soulèvent dans leur poésie la question du lien entre un distique et un verset coranique, comme le fait Eqbāl Lāhūrī dans son œuvre

---

5. *Adabiyāt-e fārsī* (littérature persane), première année de second cycle du lycée, p. 5, 1380.
6. *Ibid.* p. 53.

poétique. Ce poète et penseur pakistanais est considéré, en raison de sa maîtrise de la langue persane, comme l'un des grands poètes de l'Iran [7].

Ce manuel mentionne également l'importance de l'usage du graphisme arabe pour la langue persane et prétend, en se référant aux écrits persans du Malak al-Šo'arā Bahār [prince des poètes Bahār], qu'aux premiers siècles de l'Islam la poésie persane était dominée par quatre styles littéraires, dont le style *Ḥorāsānī* (Khorasâni), proche de celui de la littérature arabe. Ce style a été utilisé dès les débuts de la poésie persane, jusqu'au sixième siècle, et a dû affronter deux périodes de prose : la période samanide ainsi que la période ghaznévide et seldjoukide, la seconde présentant les caractéristiques suivantes : 1) Emploi de paraboles et citations de versets coraniques, hadiths et poèmes arabes 2) Imitation de la prose arabe. C'est ainsi qu'allaient s'ajouter à la prose persane d'innombrables termes, expressions et écrits arabes.

A la page 141 du manuel, est mentionné Moḥammad Taqī Bahār, poète de la liberté (1330-1366). Or, ce grand poète avait composé son *qaṣīde* (ode) suivant le style *Ḥorāsānī*, qui est en vérité un mode arabe. De même, à la page 146, on parle de Nāṣer Ḥosrow Qobādiyānī (394-481 de l'hégire), savant poète et célèbre voyageur persan devant son renom à un voyage de sept années dans les contrées islamiques. Son texte est simple mais renferme des versets coraniques, des hadiths et des termes arabes. L'extrait présenté regorge des formules arabes suivantes : « beḥaq al-ḥaq », « jalla jalālehū » et « 'amma navālehū » [8].

La conséquence allait être un surcroît d'écrits et de termes arabes utilisés dans la langue persane [9]. Des poètes et hommes de lettres persans tels que Ferdowsī, Sa'adī et Mowlavī, suite à cette influence de l'arabe sur le persan, utilisent ces termes à profusion. A titre d'exemple, on retrouve dans les récits du *Golestān* une majorité de mots arabes. En effet, même à l'époque de Ferdowsī (350-450 de l'hégire), à l'ère du règne des idéaux d'indépendance nationale, bien que ce poète se soit efforcé de préserver la langue persane de l'emploi de mots étrangers, notamment arabes, on trouve tout de même dans ses écrits environ 800 mots arabes [10].

Si nous prêtons attention aux mots suivants, similaires en arabe et en persan : *asās, amal, elqā', berā'at et ājel* (à titre d'exemples), nous constatons qu'ils sont tous arabes mais qu'ils peuvent facilement être remplacés par un équivalent persan comme *bonyān, ārezū*, etc....D'autre part, nous rencontrons dans ce manuel des termes littéraires communs aux deux langues (arabe et persane), dont : *qāfiye, radīf, saj'* et *taḍād*.

---

7. *Ibid.* p. 169.
8. *Adabiyāt-e fārsī*.
9. *Adabiyāt-e fārsī, motūn-e naẓm va naṣr, dowre-ye pīšdāanešgāhī* (Littérature persane, textes en vers et en prose), année pré-universitaire, p. 32.
10. *Tārīḫ-e adabiyāt-e Īrān va jahān* (Histoire de la littérature d'Iran et du monde), seconde année de second cycle du lycée, p. 50.

Manuel de seconde année

Dans le livre de littérature persane de la seconde année, figure, à la fin de chaque leçon, une rubrique intitulée *Toḍīḥāt* (explications) où sont définis les termes et locutions ardus. Cette rubrique, tout en se rapportant aux aspects essentiels du texte, comporte une partie intitulée *Biyāmūzīm* (Apprenons), le plus souvent relative à des questions religieuses, des versets coraniques ou des récits arabes. Quelques-unes des précisions de cette partie se référent à la rhétorique et la littérature avec la définition de mots arabes tels que *talmīḥ*, *kenāyeh* ou *qaṣīdeh*. On trouvera des exemples aux pages 4, 5, 10, 11, 61 et 77 de ce manuel.

On peut lire, dans le manuel de seconde année intitulé « Littérature d'Iran et du monde », les lignes suivantes :

« La langue persane, qui a connu trois périodes distinctes, dont deux préislamiques, a évolué jusqu'à nos jours de façon spécifique tant dans le domaine de la poésie que dans celui de la prose. Au cours de la troisième période, appelée celle du « persan moderne » où apparaît l'alphabet arabe suite à l'avènement de l'Islam en Perse, elle connaît une nouvelle évolution et franchit une nouvelle étape en devenant ce qu'on appelle le persan moderne (*darī*). L'empreinte la plus importante laissée par la langue et le graphisme arabes sera due à la traduction de textes persans en arabe, revenus en Iran après l'islamisation. Au début, la pénétration de l'arabe concernait uniquement des termes religieux et administratifs, mais, plus tard, le flot de vocables arabes atteint toutes les sphères culturelles. D'ailleurs, avant même que le graphisme arabe ne soit substitué au pahlavi, il avait d'ores et déjà pénétré les ouvrages islamiques. Des poésies, des phrases et des proverbes de langue arabe étaient écrits en écriture arabe. Ils existent toujours et doivent être à juste titre appelés les premières œuvres qui nous restent de la littérature de la période islamique » [11].

Troisième année

Ce manuel d'histoire de la littérature, destiné aux élèves de troisième année de second cycle du lycée, englobe l'histoire de la littérature iranienne et celle de la littérature dans le monde. En ce qui concerne la partie consacrée à l'histoire de la littérature iranienne, on s'attend en principe à ce que soient présentés des textes de poètes et écrivains iraniens ; or, au sujet de l'écriture en général et en particulier de l'histoire influencée par les étrangers alors présents au sein de la culture et de l'histoire de l'Iran, de nombreux termes turcs mais surtout arabes sont employés. Ainsi peut-on lire : «En raison d'un usage excessif en persan de termes et locutions empruntés à l'arabe, et, en conséquence, d'une modification de la syntaxe de la langue persane, celle-ci a subi certaines

---

11. *Ibid.* p. 20.

mutations. La remarque est particulièrement vraie pour la période safavide où les vives tensions opposant le régime chiite des Safavides au gouvernement sunnite ottoman ont contraint de nombreux érudits chiites à quitter maints centres du territoire ottoman (Jebel Amel au Liban, la Syrie et les lieux saints, soit les villes de Najaf, Kâzemin, Kerbela et Sâmrâ) pour regagner l'Iran. La plupart d'entre eux se sont installés à Ispahan, alors capitale des rois safavides. S'ensuivit alors une vogue de manières arabes » [12].

Ce manuel, en présentant un certain nombre d'ouvrages célèbres, précise que même les riches ouvrages persans dignes du plus grand intérêt témoignent tous d'une certaine manière de l'influence de la langue arabe sur le persan et de l'interférence réciproque des deux langues. Parmi ces ouvrages, on peut citer : *Tārīḫ-e Jahān-gošā* (de 'Aṭāmalek Aṭāollāh Jovaiynī), *Jāmʿ al-tavārīḫ* dont même le titre est arabe (de Rašīd al-dīn Faḍlollāh Hamedānī) [13], *Ketāb-e Ẓafar-nāme* (de Ḥmadollāh Mostofī) [14] écrit en vers et relatif à l'histoire des Arabes et des Perses, et, du même auteur, *Tārīḫ gozīde* qui est une histoire générale de l'Islam et de l'Iran.

Les pages 177 à 229 traitent de l'histoire de la littérature étrangère, mais plus de la moitié de cette partie est consacrée à l'histoire de la littérature arabe, dont la poésie est classée en poésie moderne, poésie libre, tragédie et poésie palestinienne.

Dans la partie relative à la prose littéraire, qui englobe la littérature romanesque, on trouve cités des noms de romanciers, d'auteurs de contes et mentionnées les périodes correspondant à ces mouvements littéraires.

Le manuel de composition lyrique de troisième année aborde le sujet des formes poétiques et de la rhétorique. Bien qu'il s'agisse ici de poésie persane, ces techniques sont présentées du point de vue de la langue arabe. Les exemples ici choisis sont pour la plupart des poésies ou des extraits de prose arabes, preuve qu'on a préféré utiliser la littérature arabe, la substance et le rythme de sa poésie exprimée dans le cadre des règles de versification arabes, comme le *taġazol* (forme de poème d'amour), *le maṭlaʿ*, *le tašbīh*, etc...

Dans le manuel de langue persane de troisième année destiné aux élèves des branches autres que les sciences humaines, un chapitre comporte des explications sur l'enseignement de l'orthographe. En le lisant, nous constatons que le mode d'application des règles et l'orthographe des mots persans sont tels qu'il semblerait que les deux (persan et arabe) soient corrects. Le signe *hamze* est un exemple de cette analogie, à savoir qu'on utilise en persan les deux orthographes (arabe et persane) et les deux règles relatives aux mots comportant un *hamze* [15].

---

12. *Tārīḫ-e adabiyāt-e Īrān va jahān* (Histoire de la littérature d'Iran et du monde), troisième année de second cycle du lycée, 1380, p. 33.
13. L'une des figures scientifiques et fameux politicien de l'époque des Ilkhâniân (7ᵉ siècle).
14. Grand historien et écrivain du 8ᵉ siècle de l'hégire.
15. *Zabān-e fārsī* (Langue persane), troisième année de second cycle du lycée, 1380, pp. 39-44.

Un chapitre de ce manuel est consacré aux mots d'origine arabe ayant adopté l'orthographe persane. Ceux-ci sont divisés en mots marqués et en mots sans marque avec leurs divers schèmes spécifiques à la langue arabe comme : « al + nom » (*alsalām, albateh, alân*), « nom + *hamze* » (*ettefāqan*), « préposition + nom » (*leḏā, belāšak*) et « nom + al + nom » (*sarī' alsair*), etc [16]. De même, pour l'étude des plus importantes formes de pluriel arabe passées en persan, on trouve de nombreux exemples accompagnés desdites formes, comme *ajsām, dorūs, aġḏiye, ġodad, jadāvel*, etc.. qui obéissent aux règles des pluriels de forme arabe *mokassar* (avec modification du thème).

Manuel de littérature de l'année pré-universitaire

Dans le manuel de cette année pré universitaire intitulé « définitions poétiques », le rythme, la rime et leurs règles sont étudiés. Si tous les rythmes poétiques présentés concernent bien la poésie persane, les poèmes choisis abondent en mots arabes. A la fin, quelques pages sont consacrées à une analyse des œuvres persanes les plus importantes, en vers ou en prose, ainsi qu'à des extraits de ces œuvres accompagnés d'explications sur leur style. A titre d'exemple, *Tārīḫ-e Bayhaqī*, dont le contenu est décrit de telle sorte qu'il semble que son auteur trouvait naturel d'emprunter à l'arabe ses mots et ses règles de formation du pluriel *mokassar* ainsi que d'utiliser à volonté des expressions et phrases arabes. Un autre exemple est *Qābūs-nāme,* considéré comme l'une des œuvres de prose persane les plus importantes et tout autant infiltrée de termes arabes et d'expressions pieuses. Quant au *Golestān* de Sa'adī, considéré comme un chef-d'œuvre de poésie et de prose et comme un modèle à suivre pour tous les auteurs de littérature persane, il foisonne d'allégories historiques, ainsi que de mots et d'expressions arabes. Dans la poésie de Sa'adī, on trouve à profusion des poèmes arabes autant que persans ainsi que des versets coraniques. Dans ce manuel, l'expression *maqāme-nevīsī* ou « description écrite d'assemblées » (le mot *maqāme* signifie *majles* ou assemblée) est utilisée. Dans ce genre littéraire, inspiré du style arabe de rédaction narrative, on constate un emploi excessif de mots ardus ainsi qu'un respect exagéré des règles de rhétorique et de prose rimée et rythmée [17].

Dans la littérature persane, les récits du *Golestān* de Sa'adī relatent une sorte de polémique entre deux ou plusieurs personnes qui utilisent à profusion des termes arabes, citent des versets coraniques ainsi que des propos relatifs au Coran.

L'un de ces récits est « La polémique de Sa'adi avec celui qui se targue de puissance et d'humilité » [18].

---

16. Pour plus d'informations, *Ibid.* p. 142.
17. *Adabiyāt-e fārsī, motūn-e naẓm va naṯr, dowre-ye pīšdānešgāhī* (Littérature persane, textes en vers et en prose), année pré-universitaire, p. 32.
18. *Ibid.* p. 33.

CONCLUSION

Compte tenu de la question fondamentale soulevée au début de cet article sur la portée et la genèse de l'influence de la langue arabe sur la langue persane, il est possible d'affirmer, en s'appuyant sur l'opinion des linguistes à propos du transfert d'éléments linguistiques d'une langue à une autre, sans dégénérescence ou disparition de l'une d'elles, l'existence d'interférences linguistiques et culturelles. En d'autres termes, c'est un tel transfert qui rend possible de tels rapports. Ainsi, il devient clair que la langue arabe a pu influencer la structure de la langue persane. Au nombre des facteurs à l'origine de l'interaction linguistique et culturelle, nous devons citer le fait que les Iraniens sont musulmans, l'importance du point de vue religieux et scientifique de l'apprentissage de la langue arabe, l'existence de penseurs qui se sont attachés non seulement à l'enseignement des langues arabe et persane, mais aussi à la rédaction d'ouvrages en arabe et, enfin, à l'analogie des situations socioculturelles. C'est par l'interaction de ces deux langues que la culture iranienne a connu son évolution.

BIBLIOGRAPHIE

1- Direction de la recherche du ministère de l'Education nationale, *Adabiyāt-e fārsī, motūn-e naẓm va naṯr, dowre-ye pīšdānešgāhī* (Littérature persane, textes en vers et en prose) année pré-universitaire, 1380.

2- Direction de la recherche du ministère de l'Education nationale, *Zabān-e fārsī* (Langue persane), troisième année de second cycle du lycée, 1380.

3- Direction de la recherche du ministère de l'Education nationale, *Tārīḫ-e adabiyāt-e Īrān va jahān* (Histoire de la littérature d'Iran et du monde), troisième année de second cycle du lycée, 1380.

4- Direction de la recherche du ministère de l'Education nationale, *Tārīḫ-e adabiyāt-e Īrān va jahān*, seconde année de second cycle du lycée, 1380.

5- Direction de la recherche du ministère de l'Education nationale, *Adabiyāt-e fārsī* (Littérature persane), première année de second cycle du lycée, 1380.

6- LEINZ, John, *Čomsky*, trad. Aḥmad Samī'ī, ed. Ḫārazmī, 1357.

7- SAUSSURE, Ferdinand de, *Cours de linguistique générale*, Paris, 1972.

8- GREIMAS, A.J., *Du sens, Essais sémiologiques*, Paris, 1970.

9- SCHAEFFER, Jean Marie, *L'image précaire du dispositif photographique*, Paris, 1987.

Taghi AZADARMAKI

LA MÉTHODE IRANIENNE DE COMPRÉHENSION DES TEXTES SACRÉS

Avec l'islamisation de l'Iran, les penseurs iraniens ont précédé ceux des autres cultures en ce qui concerne la quantité et la variété des traductions et exégèses du Coran, des hadiths ainsi que des récits relatifs au prophète et aux imams transmis par la tradition musulmane. Ce courant s'est amplifié après les deux premiers siècles d'expansion de l'Islam en Iran, en particulier à partir de l'époque des gouvernements Saffârides et Tâhirides où se manifeste un regain d'intérêt pour la langue et la littérature persane. En effet, durant les premiers siècles, la langue arabe, surtout au sein de l'élite dirigeante de l'Iran liée au califat et auprès des érudits musulmans, était progressivement devenue la langue vernaculaire. Elle était utilisée dans la plupart des échanges épistolaires et des ouvrages.

Il est remarquable, au sujet des traductions et exégèses de textes religieux faites par les Iraniens, qu'à part quelques exceptions, la plupart des exégèses rédigées en Iran et en persan revêtent, dès le début, un aspect mystique. De surcroît, avant qu'elles ne soient présentées sous forme de commentaires autonomes, elles faisaient partie intégrante de récits et légendes, pour la plupart en vers. On peut voir la raison de ce phénomène d'une part dans le contexte historique et culturel passé, encore vivace dans la conscience historique et culturelle iranienne, et, d'autre part, dans la conjoncture sociopolitique particulière qui régnait en Iran à l'époque post-islamique, après tant d'incursions et la succession de divers régimes.

En conséquence, la façon dont les Iraniens et les penseurs iraniens ont géré les traductions et exégèses des textes religieux musulmans rédigés en arabe, langue considérée comme étrangère, constitue une méthode qui, dans une très large mesure, est propre à la culture iranienne et fort éloignée de l'attitude d'autres nations de langues et cultures différentes face à une situation identique.

Nous nous sommes principalement efforcé, tout au long de cet article, d'exposer en détail une question essentielle sur la perception religieuse telle qu'elle est conçue en Iran : la pensée théologique islamique face à laquelle nous nous trouvons aujourd'hui est-elle réellement affranchie de toute intervention des travaux exégétiques des scoliastes, déterminés par des situations distinctes, ou bien notre « trésor religieux » est-il le produit de l'interférence, au fil du temps, du texte issu de la Révélation divine par l'entremise du Prophète et de ces exégètes ? Dans cette interférence, la question est de savoir quelle peut être la part des Iraniens. Les Iraniens ont-ils, de par leur langue et leur culture, instauré un climat religieux et culturel particulier au sein de la civilisation musulmane ?

Pour mieux comprendre la question (ou les questions) précitée et y donner une réponse concise, il convient tout d'abord d'examiner, dans les limites de cette étude, les diverses méthodes de compréhension et d'exposé des textes sacrés afin que la postérité puisse distinguer le texte original des études qu'en ont faites les exégètes.

Une large diffusion des textes sacrés ne pourrait se faire sans lien ni rapport avec les sociétés et cultures qui leur sont étrangères, ceci compte tenu de l'existence de diverses cultures, civilisations et sphères linguistiques. Nous sommes ainsi en pratique confrontés à la lecture d'un texte sacré comme le Coran, la Thora ou l'Evangile, écrits en une autre langue et utilisés par « d'autres », dont le langage est différent, ainsi qu'à la question de la connaissance des moyens, méthodes et techniques divers de lecture et interprétation de tels textes.

Si nous nous référons aux textes sacrés, en particulier à ceux des doctrines monothéistes (judaïsme, christianisme, islam, etc..) définies comme religions, nous nous heurtons à de nombreuses questions : comment ces textes ont-ils pu être assimilés avec exactitude, de quelle façon sont-ils compris et quelles personnes recourent à quelles méthodes pour une meilleure intelligence de ces textes, tant dans leur propre intérêt que dans celui des autres ?

Il est évident que s'il n'y avait aucun embarras à répondre à la somme de questions touchant les textes étudiés ou à celles que les autres se posent au sujet de la religion concernée, un débat portant sur l'interprétation et la création de diverses méthodes pour la compréhension des textes religieux n'aurait aucune raison d'être. Il semble que l'une des plus importantes méthodes jusqu'ici mises en œuvre en cette matière mais n'ayant jamais été soumise à un vrai débat général, est celle du commentaire exégétique que pratique la théologie.

Cette méthode comporte deux étapes successives : d'abord le commentaire ou glose, puis, en second lieu, l'exégèse. Elle constitue les bases d'accès aux textes religieux et contribue en même temps à l'extension de la somme des connaissances dans ce domaine ; à titre d'exemple, dans le domaine des sciences islamiques ont d'abord pris forme des disciplines comme la littérature, le récit symbolique, la glose, la philosophie, la théologie dogmatique, l'histoire, etc... disciplines considérées comme autant de témoignages de la culture islamique ; puis, en second lieu, sont nées diverses théories au sein de l'unique dogme, et, enfin, des interprétations et récits variés transmis par la tradition et concernant le texte unique sont apparus.

Sur un plan général, la diversité dans l'exégèse d'un texte sacré unique prépare le terrain à quelque chose qui, en premier lieu, permet de distinguer une religion d'une autre, puis, subséquemment, de créer des religions différentes en leur conférant leur identité propre, et, enfin, de conférer une identité aux récits religieux variés transmis par la tradition à partir d'un texte unique appartenant à une religion donnée.

Nous nous trouvons donc devant une très vaste étendue scientifique, génératrice de commentaires et d'analyses théologiques visant à la connaissance du texte unique. Cette vaste sphère recouvre des termes tels que « domaine d'interprétation des hadiths » (traditions), « champ d'interprétation » des récits transmis par la tradition, du Coran et du dogme sacré. Actuellement, on l'appelle « champ d'interprétation possible du texte », qu'il s'agisse des hadiths, des récits transmis par la tradition ou de la vie du Prophète et de ses compagnons.

Ici, nous nous trouvons face à deux méthodes complémentaires de lecture et de compréhension du texte : 1) la transmission orale ou écrite du texte et 2) son interprétation. Par conséquent, la transmission orale ou écrite et l'interprétation du texte constituent deux méthodes capitales pour la diversification de la pensée religieuse au cours des temps.

Le texte unique appelé Coran retient particulièrement notre attention. A ce propos, à quelle situation sommes-nous confrontés s'agissant de l'assimilation de ce texte religieux ? Le Coran est doté de caractéristiques relativement simples et indiscutables sur lesquelles musulmans et non-musulmans s'accordent, la première étant que sa langue est l'arabe, la seconde qu'il est un livre sacré et la troisième que ce Livre est reconnu par tous les musulmans comme une prose unique. Cela signifie qu'il n'en existe aucune autre version. Ces trois caractéristiques principales font obstacle à la prolifération de gloses coraniques par trop éloignées. En d'autres termes, elles font obstacle à l'émergence, dans ce domaine, de conceptions génératrices d'antagonismes, totalement justes ou totalement fausses.

La première méthode de compréhension du Coran utilisée par les musulmans, en dépit des différences de conditions linguistiques, géographiques, culturelles, historiques et de civilisations, est l'exégèse pratiquée par les ulémas et les érudits. Les ulémas adeptes de cette discipline, porteurs des idées mentionnées ci-dessus, acquièrent l'aptitude et la légitimité à procéder à des interprétations diverses. S'instaure alors, au sein du monde musulman, un dialogue qui se manifeste sous des formes variées, entre les branches d'intérêt général de la civilisation et de la culture islamiques. Une culture et une langue particulières voient le jour au nom des Iraniens. Ces derniers ont une langue, un passé culturel et une civilisation différents de la culture arabe et de la langue arabe, qui est la langue du Coran. Ici, apparaît une situation où il est présumé que les Iraniens, du fait qu'ils pratiquent une langue différente, en l'occurrence le persan, pensent persan et écrivent donc en cette langue. Face à un texte sacré écrit en arabe auquel ils souscrivent, ils s'efforcent à la fois de l'assimiler eux-mêmes et de le présenter aux autres.

Une autre spécificité des Iraniens est leur attachement à leur expérience passée, à l'histoire de leur pays ainsi que l'importance qu'ils accordent à certains sujets intéressant les sphères scientifiques, leur passé historique et la narration. Il convient également de souligner la constance de leur intérêt, avant et après l'Islam, pour les sujets susmentionnés et, enfin, les leçons qu'ils ont tirées des expériences rapportées par le cours de leur histoire et les légendes.

Dans tout ceci, les historiens, les romanciers, les conteurs et auteurs de légendes ont une grande importance. Dans la sphère du savoir iranien, l'histoire et la littérature occupent la première place, avant la philosophie et les sciences expérimentales (mathématiques, géométrie, astronomie, etc..). A titre d'exemples, dans le domaine de la philosophie islamique, Fârâbi doit être cité en tant que fondateur de la philosophie islamique, à l'essor de laquelle il a largement contribué. Dans les autres disciplines, les noms de Rāzī, Saʿdī, Ḥāje Neẓām al-Molk, Ḥāje Naṣīr al-dīn Ṭūsī, Ḥāfeẓ et Mowlavī, etc. méritent un rappel.

Apparemment, les historiens et hommes de lettres, avant et plus que les autres érudits, forts de leurs œuvres culturelles et de la civilisation iranienne, se sont trouvés face à un texte sacré unique rédigé en arabe et s'en sont largement servi pour élaborer leur propre civilisation contemporaine.

Il semble qu'ils aient conçu et utilisé un style et une méthode quelque peu différents de ceux des jurisconsultes et théologiens, ce qui impliquait pour eux un apprentissage au plus haut niveau de la langue arabe, de sa morphologie et de sa syntaxe. Puis, cette étape franchie, se posait la question de la création, impliquant pour eux l'effort – compte tenu des antécédents susmentionnés et de la nécessité de répondre aux besoins – de faire preuve d'innovation, en l'occurrence introduire des éléments historiques, une approche littéraire, un style narratif dans ce qu'on appelle l'ancienne glose en cours, ceci dans un but prosélytique et pour élargir l'audience des fidèles.

C'est ce qui s'est passé dans la société iranienne. Si nous consultons les textes de nos sages et leurs récits, comme, entre autres, *Aḫlāq-e Nāṣerī, Jāmeʿ al-ḥekāyāt*, etc..., la source de concepts religieux tels que justice, résurrection, foi en Dieu, humanisme, respect de la nature, coopération, importance de la famille et autres notions, se retrouve plus qu'ailleurs dans le cadre de thèmes historiques et narratifs. Ces concepts constituent pourtant la plus grande partie de la culture islamique [1]. Nous constatons donc qu'il s'est tissé des liens entre l'histoire, le récit, le conte d'une part et la théologie d'autre part, dont le résultat est l'apparition d'érudits comme Mowlavī, Ḥāfeẓ, Saʿdī,

---

1. Il est intéressant de savoir que, dès les premières exégèses et traductions des textes religieux islamiques, tant leur allure gnostique que leur fusion avec les récits moralisants et mystiques sont frappants ; on peut citer, entre autres, l'ancien ouvrage *Kašf al-asrār* de Ḥāje ʿAbdollāh Anṣārī, qui en est l'un des premiers exemples, et, à une époque plus récente, l'exégèse de *Fayḍ Kāšānī* ou encore celle, versifiée, du Coran de *Ṣafī ʿAlīšāh*, datant du siècle dernier.

Ḥāje Naṣīr al-dīn, Ġazālī, etc..., considérés comme auteurs de chefs-d'œuvre de la culture islamique.

Enfin, l'effort tendant à la compréhension de la réalité religieuse implique une innovation des méthodes dont le résultat est une intégration locale de cette perception et une lecture (propre), naturellement ni anti-religieuse ni agnostique, pour soi-même et pour les autres. On peut citer comme exemple le texte *Aḫlāq-e Nāṣerī* de Ḥāje Naṣīr al-dīn Ṭūsī qui n'est pas seulement une narration destinée aux Iraniens mais également une prose accessible à tous les musulmans. Il en est de même pour toutes les œuvres, sous forme de poésie, de Mowlavī, qui ne reflètent pas la conscience d'un Mowlavī iranien qui serait coupé de la culture islamique mais concernent tous les musulmans. C'est pourquoi la pensée de Mowlavī, bien que celui-ci résidât dans un lieu géographique précis, ne connaît aucune limite. Autrement dit, la pensée de Mowlavī est islamique, humaniste et théologique.

Hossein ESMAÏLI

INTERFERENCE DES LANGUES ET DES CULTURES DANS LE DOMAINE DE LA NARRATION (PERSAN – ARABE – TURC)

Lors des échanges et rapports entre les peuples, les symboles culturels considérés comme appartenant au domaine linguistique agissent indépendamment de considérations purement ethniques et ne connaissent ni frontières géographiques ni arbitrages politiques. A ce sujet, ce qui concerne le conte présente un cours plus fluide encore. Notre propos est aujourd'hui de rendre compte de l'interférence culturelle des langues persane, arabe et turque au niveau du récit.

Lorsqu'on parle de fable ou de conte, nous pensons inévitablement à l'Inde. Dans la mesure où, selon les documents existants, c'est la culture indienne qui a donné naissance au conte, nous nous devons d'inaugurer notre propos en parlant de l'Inde, berceau du fascinant récit *Dāstān* (Histoires) que nous allons suivre.

Kalila et Dimna, ce trésor de fables inégalées, renferme des récits plaisants contés en des dizaines de langues et rédigés en des temps, lieux et langues divers. Nous ne nous proposons pas ici d'apporter du nouveau sur l'œuvre elle-même, car cela a été magistralement fait et exposé par d'autres éminents spécialistes dans le passé [1]. Pour ma part, je m'en tiendrai aux aspects marginaux du sujet évoqué.

Pančatantra, arrivé dans l'Iran sassanide en même temps que d'autres volumes de fables indiennes, y est alors rebaptisé *Kalilak va Damang*. Le besoin culturel était tel que plusieurs chapitres, dont le fond et la forme sont iraniens, allaient être ajoutés à cette œuvre. Le texte pahlavi, plus tard traduit dans son intégralité en syriaque, nous est, jusqu'à ce jour, demeuré tel quel [2].

---

1. A ce sujet, on trouvera les indications générales et les recherches de base dans les ouvrages suivants :
   - Baron Sylvestre de Sacy, *Kalila va Dimna ou Fables de Bidpai*, Paris, 1816.
   - V. Chauvin, *Bibliographie des livres arabes* (Tome II : Kalila et Dimna), Paris, 1880.
   - L. Cheikho, *La version arabe de Kalila et Dimna d'après le plus ancien manuscrit arabe daté*, Beyrouth, 1905.
   - Th. Nöldeke, « Burzoe's Enleitung zu dem Buche Kalila wa Dimna », *Schriften der wissenschaftlichen Gesellschaft in Strassburg*, 12, 1912.
   - Moḥammad Ja'far Maḥjūb, *Dar bāre-ye Kalīle va Dimna* (A propos de Kalila et Dimna), éd. Ḥārazmī, Tehrān, Tome 2, 1349.

2. La première traduction du texte pahlavi est la traduction syriaque, effectuée au sixième siècle, postérieurement à 570 après J.C., par un moine du nom de « Būd ». Le seul exemplaire existant a été découvert au 19ᵉ siècle et publié par Bickell à Leipzig. Par la suite, aux 10ᵉ et 11ᵉ siècles, une autre traduction en syriaque, à partir du texte de Ibn-e Moqaffa', fut menée à bien par un prêtre

Puis, suite au déclin de la culture sassanide, l'ouvrage en question est traduit en arabe et intitulé *Kalīle va Demne* et, après avoir perduré 12 siècles, n'a subi aucune métamorphose au niveau de la langue arabe, si ce n'est les variations existant entre ses divers exemplaires.

Vers le milieu du 6e siècle de l'hégire, *Kalīle va Demne*, grâce aux talents de maître de Naṣrollāh Monšī, est à nouveau traduit, cette fois de l'arabe en langue persane, afin de remplacer le récit pahlavi disparu. Le fait que, durant quatre siècles, cette œuvre soit restée consignée en langue arabe a visiblement marqué le style et la langue du nouveau récit persan. Il semble que *Kalīle va Demne* ait retrouvé la place naturelle et appropriée qui était la sienne au sein de la langue et de la culture persan. C'est ainsi qu'à de nombreuses reprises on voit resurgir cette œuvre dans ce pays, soit en vers (poésies de Rūdakī et Qāne'ī Ṭūsī) soit en prose (traductions de l'époque de Bal'amī, de Boḫārī et de Naṣrollāh Monšī) et, sous une forme évolutive, dans *Anvār-e Soheylī* (Lumières de Canope) de Vā'eẓ-e Kāšefī.

Le récit de Vā'eẓ-e Kāšefī a été traduit non seulement en géorgien et en turc oriental mais aussi en turc ottoman, version dans laquelle il porte le titre de *Homāyūn-nāme*[3]. Ce dernier texte allait d'ailleurs permettre à cette histoire d'atteindre l'Europe et une partie de l'Asie et de générer plus de 20 autres récits. D'autre part, avant même le 11e siècle de l'hégire, cet ouvrage se trouve retraduit, du turc en persan cette fois, par un inconnu qui lui donne le titre de *Tarjome-ye Kalīle va Demne* (Traduction de Kalila et Dimna). Cette traduction n'a jamais été étudiée[4].

Quelques-unes des versions de *Kalīle va Demne*, ont repris le chemin de leur berceau, l'Inde, où la version de Vā'eẓ-e Kāšefī en particulier, est

---

inconnu, version publiée par Wright à Londres en 1882. Une troisième traduction en syriaque moderne (assyrien), toujours à partir du texte d'Ibn-e Moqaffa', a été enfin faite au 19e siècle par un prêtre chaldéen d'Orumieh du nom de Thomas Udu et publiée à Mossoul en 1895.

3. Auparavant, deux traductions en turc oriental avaient été faites du récit de Naṣrollāh Monšī (*cf.* Manuscrits de la Bibliothèque de Dresde, numérotés 19 et 136, in : Fleischer, H.O., *Catalogus codicum manuscriptorum orientalium Bibliothecae Regiae Dresdensis*, Leipzig, 1831 ; *cf.* également Manuscrit de Munich, in : Aumer, J., *Die persischen Handschriften der K. Hof-und Staatsbibliothek*, 45, 1866). Au huitième siècle de l'hégire, un certain « Mas'ūd » , après avoir traduit le récit de Naṣrollāh Monšī en ancien turc ottoman, l'offrit à Omar Beig, souverain d'Aydın, ce qui conduisit à l'hypothèse erronée selon laquelle Omar Beig était l'auteur de cette seconde traduction (*cf.* l'éminent professeur Maḥjūb, *Dar bāre-ye Kalīle va Demne*, p. 229). Un poète inconnu versifia la traduction de Mas'ūd sous le nom du Sulṭān Morād 1er (761-792h.q.). Il existe à la Bibliothèque bodléienne un récit en prose, rédigé en turc ottoman moderne et datant d'avant 955 (*cf.* H. Ethé, « On Some hitherto unknown Turkish version of Kalilah and Dimnah », *Actes du 6e congrés international des orientalistes*, IIe sect., I, pp. 241 sqq, Leyde, 1884.). Il est probable qu'il s'agit d'une autre traduction, différente de celle de Mas'ūd. Cependant, aucune de ces traductions n'a reçu l'accueil de celle qu''Alī Čalbī a faite de « Anvār Soheylī » et qu'il dédia, sous le titre de *Homāyūn-nāme*, à Soliman le Juste, le puissant sultan ottoman.

4. Un exemplaire de cette traduction est conservé, sous le n° 441, à la Bibliothèque Bodléienne d'Oxford.

enluminée et prend le titre de *'Ayār-e Dāneš* (L'aloi du savoir) [5]. Plus tard, le même ouvrage est résumé sous le titre de *Negār-e Dāneš* (Dessin du savoir) [6], avant d'être indianisé sous le nom de *Ḥeradafrūz* [7]. D'autre part, on trouve une adaptation libre du texte sanscrit *Panje-tantare*, intitulée *Hitopadesha*, effectuée avant le 12ᵉ siècle de l'ère chrétienne par un certain Narayana. A son tour, cette même adaptation du récit sanscrit est traduite en persan et appelée *Mofarraḥ al-qolūb* (Réjouissance des cœurs) [8].

Le fait de s'inspirer de *Kalila* ou l'imiter, tant en langue persane qu'en arabe, a permis à des œuvres de valeur de voir le jour. Outre les contes qui, à partir de *Kalila*, ont infiltré les *Mille et une nuits*, la traduction arabe de Ibn-e Moqaffaʿ s'est trouvée à l'origine de plusieurs ouvrages : *Ṭaʿle va 'Afrā* de Sahl Ibn-e Hārūn Dašt Mīšānī [9], *Ketāb al-ṣādeḥ va al-bāḡem* de Ibn-e Habbāriye [10] et enfin *Solvān al-moṭāʿ* de la plume de Ibn-e Ẓafar [11].

Cependant, il est peut-être possible d'affirmer que l'imitation la plus réussie de *Kalila* est ce *Marzbān-nāme* (Histoire d'un gouverneur de région frontalière) iranien d'abord rédigé en dialecte tabari avant de paraître sous la forme de deux récits persans : *Rowḍat al-ʿoqūl* (Jardin des sagesses) de Moḥammad Ġāḍī Malṭīvī [12], et le *Marzbān-nāme* de Saʿad al-dīn Varāvīnī. L'ouvrage de Varāvīnī fut d'abord traduit en turc ottoman, puis, de cette langue, deux fois en arabe. Le second traducteur, Ibn-e Arabšāh, est connu pour avoir composé une imitation du *Marzbān-nāme* dans laquelle il intègre de nouveaux récits sous le titre de *Fākehat al-ḫolafā' va Mofākehat al-ẓorafā'* (Plaisanteries

5. Comme l'enluminure de Mollâ Hossein Vâʿez-e Kâchefi n'était pas satisfaisante, Abolfazl Ben Mobârak allait être chargé d'orner cet ouvrage de nouvelles enluminures. En 996 h.q., il dédiait son œuvre, appelée *'Ayār-e Dāneš* (L'aloi du savoir) à Akbar Châh Gorgâni.
6. Le résumé, plusieurs fois réédité, avait été commandé par un officier supérieur britannique afin de servir à l'enseignement du persan dans les écoles.
7. Cette traduction a été effectuée par un dénommé Hâfiz ol-din. C'est parce qu'elle est en dialecte chivâï qu'elle a été publiée en 1815, avec un préambule relatif à l'histoire de l'œuvre, par Th. Roebuch à Calcutta, puis, en 1867, par Eastwich à Londres.
8. Cette traduction avait été elle aussi commandée par Akbar Châh Gorgâni. Son auteur, Tâdj ol-din Mofti, fit une traduction libre de cette œuvre, plus tard traduite du persan en urdu sous le titre de *Aḫlāq hendī* et plusieurs fois rééditée.
9. Sahl Ben Hârun Dacht Michâni a rédigé pour Ma'mun 'Abbâssi une œuvre à l'imitation de *Kalila et Dimna*, et aujourd'hui disparue.
10. Cet ouvrage est en vers. Son auteur, le poète arabe Mohammad Ben al-Habbârieh, serviteur de Khâjeh Nezâm Ol-molk, mort en 504 h.q., a reproduit *Kalila et Dimna* en trois volumes de 2000 distiques, plusieurs fois réédités. Le poète avait déjà auparavant versifié *Kalila et Dimna* sous le titre de « Natāyej al-feṭna(t) ».
11. En 545 de l'Hégire, Solvân Almotâ' était rédigé, dans un but éthique et sur le modèle de *Kalila et Dimna*, par Mohammad Ben Abdollah Ben Zafar Alsaqli. Cet ouvrage fut ensuite remanié avant d'être dédié, en 554 h.q. de l'hégire, au gouverneur de Sicile (Saqliyyeh) Abdollah Mohammad Alfarchi. Vers le milieu du 12ᵉ siècle de l'ère chrétienne, il était traduit en turc ottoman par Qarakhalil Zâdeh, puis du turc en italien et anglais.
12. La traduction de Mohammad Ben Qâzi Moltivi a été effectuée en 598 h.q. sous le règne de Abolfath Rokn ol-din Soleimân Châh, issu des Seldjoukides de l'empire byzantin. L'auteur était alors ministre du sultan. Il reste de son œuvre deux exemplaires manuscrits, l'un à Leyden aux Pays-Bas et l'autre à Paris, ce dernier étant le plus complet.

de califes et plaisirs d'esprits subtils). Cet ouvrage sera traduit en turc ottoman ; cette version, dont le chapitre dix, intitulé *Dar bayān-e zīādat-e ʿomr va dolat va zendegānī kardan bā dūst va došman* (Du prolongement de la vie et de la bonne fortune et de la coexistence avec amis et ennemis), diffère des ouvrages de Varāvīnī et Ġāḍī Malaṭīvī, allait à son tour être traduite en turc ġāzānī et publiée à Kazan sous le titre de *Ketāb-e dastūr-e šāhī fī ḥekāyat-e pādešāhī* (Livre de la règle monarchique à travers un récit royal) [13].

La première conclusion à tirer de ce parcours est que la langue persane, dans ces échanges culturels concernant le récit, a joué un rôle de pivot en Inde et dans les régions arabes, turques et persanes. En outre, ce qu'on peut également déduire de cet aperçu est que plus le terrain rencontré par le récit était propice plus il était fécond. On peut émettre l'hypothèse que si le *Pančatantra* n'avait pas atteint l'Iran, jamais il n'aurait connu la résonance universelle dont il bénéficie aujourd'hui ni enrichi de tant d'œuvres le patrimoine littéraire mondial.

Il est probable que c'est de l'Inde que le *Sandbād-nāme* a pénétré dans le champ culturel persan avant d'être diffusé en syriaque, arabe, hébreu, turc, puis grec ancien et latin, et, enfin, en diverses langues européennes. Toutefois, ce n'est qu'en Iran qu'il donne naissance à son pendant persan, appelé *Baḫtiyār-nāme*, qui, à son tour, sera diffusé en langues arabe, turque ottomane et djaghataï.

Une étude détaillée de la genèse et de l'expansion de la littérature narrative dans le domaine qui nous retient nous mène à cette conclusion que l'interférence des éléments littéraires et culturels se fait par le truchement des mots d'une langue, la transmission de la substance du récit et la transposition du contexte. Dans ces échanges, la part essentielle revient d'une part au persan et à l'arabe et d'autre part à l'hindi, en précisant toutefois que l'élément turc a joué un rôle d'intermédiaire particulièrement important dans la présentation de ce genre de littérature.

A partir du 7ᵉ siècle h.q. les récits persans seront largement traduits en turc ottoman tandis que les contes arabes ne le seront que partiellement, si bien qu'aujourd'hui les exemplaires turcs sont considérés comme une source incontournable dans le domaine des recherches relatives à la littérature persane. C'est ainsi qu'une partie du fragment disparu du récit *Samak ʿAyyār* a pu être reconstituée en ayant recours à ces mêmes sources. Cette méthode est également à suivre pour la reconstitution du fragment ruiné du *Dārāb-nāme* de Beighami. A ce sujet, il convient de signaler qu'il arrive parfois que les manuscrits existants d'une œuvre donnée sont beaucoup plus nombreux en langue turque qu'en persan. En tout cas, la langue turque apparaît comme un refuge qui non seulement a permis de sauver du péril de la destruction les œuvres de la littérature persane en des périodes critiques, comme celles des

---

13. Imprimé à Kazan en 1864. *Cf. Encyclopédie de l'Islam*, 2ᵉ éd. vol. 4, p. 528.

révoltes mongoles et tatares ou du fanatisme religieux safavide, mais encore lui a apporté un nouveau souffle. La plupart de ces ouvrages étaient éparpillés dans un périmètre allant de l'Anatolie au nord du Caucase et aux Balkans. A titre d'exemple, on peut avancer le fait que plus de la moitié de ces œuvres narratives de la littérature cosaque et tatare est constituée de récits persans venus de Turquie et publiés à Kazan. Plusieurs contes persans ont d'ailleurs été publiés en langue persane dans cette même ville, tandis qu'une autre partie des récits arabes et persans a été traduite du turc ottoman, qui a servi ainsi de langue intermédiaire, en turc djaghatâï.

Bien que la langue turque ait joué un rôle intermédiaire, elle n'en est pas pour autant dépourvue d'innovations : à titre d'exemple, selon toutes probabilités, *Dāstān Baṭṭāl Ġāzī* (l'histoire de Battâl Qâzi), avant d'apparaître en persan et en arabe, avait eu pour berceau l'Anatolie [14]. Un autre exemple du génie turc est son potentiel créateur, dont témoigne le récit *Qahremān-nāme* (Livre des héros), relatant l'une des aventures d'un héros perse de l'époque de Hušang Pīšdādī et attribué à Abū Ṭāher Ṭarṭūsī, narrateur exceptionnel de la littérature narrative perse. Traduit en turc avant l'époque safavide, de nouveaux chapitres ont par la suite été ajoutés à ce récit tenant en 4 gros volumes, dont deux, portant les noms de *Gardankešān* (Les insurgés) et *Hūšang-nāme*, sont probablement la création des Turcs. On ne trouve en effet aucune référence à ces titres dans les exemplaires persans existants et le récit persan est d'ailleurs beaucoup plus court que sa variante turque [15].

Dans le domaine qui nous intéresse, on peut étudier l'interférence des traditions de narration en considérant deux autres exemples : le *Ḥamze-nāme* et le *Abū Moslem-nāme*.

Selon les preuves existantes, le *Ḥamze-nāme* persan est le résultat d'un mélange de deux sources ou de deux branches principales de la culture islamique, à savoir la branche arabe et la branche iranienne. Il semble que la densité religieuse de cette histoire concerne Hamzeh, oncle paternel du Prophète de l'Islam, dont les combats et le martyre dans la voie de l'Islam ont motivé le récit. Certains exemplaires reconnaissent le premier narrateur de

---

14. Le récit de Seyyed *Baṭṭāl Ġāzī* renferme des épisodes relatifs à un héros musulman luttant contre Byzance et dont le véritable modèle aurait vécu à la période seldjoukide. Les contes du démon et de la fée y ont été intégrés et lui ont conféré une fraîcheur toute turque, si bien qu'on pourrait peut-être, à travers ce récit, remonter aux anciens contes turcs. Il existe dans certaines bibliothèques d'Asie centrale des versions de ce récit en langue persane qui sont toutes des manuscrits modernes. *Cf.* Publication de la bibliothèque centrale de l'Université de Téhéran (manuscrits), vol. 11 et 12, p. 429.

15. La version persane du récit de Abū Ṭāher Ṭarṭūsī relate l'histoire des actes de bravoure du «qahremān» (héros) le champion de l'époque Hučang Pīšdādī qui a conquis l'Orient et l'Occident sous le nom de Hučang. Deux chapitres, respectivement intitulés « Gardankešān-nāme » et « Hūšang-nāme » ont été ajoutés au récit turc qui s'en trouve démesurément allongé. Des parties de cette légende se trouvent parmi les exemplaires turcs conservés à la Bibliothèque Nationale de Paris sous les numéros 343, 344, 345 et 352 de l'Ancien Fond Turc. La date de leur rédaction se situe entre 905 et 1004 de l'Hégire.

l'histoire de Ḥamze en la personne de ʿAbbās, autre oncle paternel du Prophète [16]. En revanche, d'autres considèrent Masʿūd Makkī comme étant le premier auteur à avoir, dans une rhétorique parfaite, rapporté cette histoire dans la région du Hedjâz [17].

Il semble bien qu'en entrant dans la sphère culturelle persane ce récit ait été fusionné avec un autre dont le personnage principal était Ḥamze Ben Āḏarak, un Kharidjite du Sistân, et qu'il lui ait emprunté son allure épique spécifiquement iranienne. Ḥamze Ben Āḏarak avait, à la fin du deuxième siècle, suscité une révolte contre les despotiques califes abbâssides, laquelle allait perdurer durant environ 30 ans, avant qu'il ne parte en croisade en Inde. Les scènes de l'histoire qui se déroulent en Iran et en Inde rappellent les aventures de ce second Ḥamze.

L'amalgame de ces deux récits s'est fait durant les 3ᵉ et 4ᵉ siècles h.q. et, selon certains, Abūbakr Bāqlānī aurait conté cette histoire à Mahmud le Ghaznévide [18]. Dans certains récits persans, l'auteur de Ḥamze est présenté comme étant Jalāl Balḫī, lequel nous est inconnu. Par la suite, l'histoire de Ḥamze se contait comme l'un des récits persans les plus populaires.

En langue arabe, nous disposons d'un récit de Ḥamze intitulé *Sīrāt-e Ḥamze* (Les voyages de Hamzeh) composé de 10 chapitres et plusieurs fois imprimé. Toutefois, on y trouve des personnages et des événements absents de la version persane. Qui plus est, ici, Ḥamze, le héros de l'histoire, n'est pas l'oncle du Prophète mais le fils d'Abraham, donc lointain parent du Prophète. Ce récit arabe n'a connu aucune diffusion, contrairement au *Ḥamze-nāme*, qui, grâce à l'expansion de la langue persane en Inde, a bénéficié d'une rapide propagation dans le sous-continent où diverses copies en furent faites et où il inspira des histoires conçues sur son modèle, dont le *Riyāḍ al-kamāl* (Jardins de perfection) [19].

La vaste renommée de ce conte allait se confirmer en langues malaisienne et indonésienne. Il convient ici de mentionner le fait qu'en Indonésie, après avoir été adapté en spectacle de théâtre d'ombres sous le nom de « Viâng », il reçut un accueil des plus chaleureux. L'un des multiples témoignages du succès de cette histoire est que Akbar Šāh ordonna qu'en soit écrit, en plusieurs volumes, un exemplaire abondamment illustré. Un autre témoignage est au 11ᵉ siècle h.q., le départ du conteur Ḥājī Qeṣṣehān Hamedānī, pour Hyderabad où il offre au roi Solṭān Moḥammad Qoṭb Šāh sept versions de cette histoire et en

---

16. Manuscrit « Hamzeh-nâmeh » n° S-13/8542 de la Bibliothèque de l'Université du Pendjab, Lahore.

17. *Cf. Zobdat al-romūz*, note 20 de cet article.

18. Selon ʿAbdolnabī Faḫr al-zamānī dans son « Ṭarāz al-aḫbār », Abūbakr Bāqlānī aurait mis six mois à conter cette histoire à Mahmud le Ghaznévide dans le but de guérir son épilepsie, allégation qui, chronologiquement parlant, ne semble guère plausible. *Cf. Ṭarāz al-aḫbār*, Manuscrit de la bibliothèque du Majles, n° 358, F. 18 – alef.

19. Exemplaire n° 745 en 156 pages, appartenant à la Bibliothèque de Bankapur (Inde) et rédigé en 1133.

élabore pour lui une version condensée, devenue célèbre sous le nom de *Zobdat al-romūz* (La première des énigmes) [20]. A l'époque de Jahângir, un autre conteur se rend également d'Iran en Inde où il obtient de nombreux succès. Il s'agit de 'Abdolnabī Faḫr al-zamānī, auteur de *Taḏkare-ye Meyḫāne* (Biographies de taverne), qui, dans ce pays, écrit alors un ouvrage intitulé *Dastūr al-foṣaḥā* (Grammaire des narrateurs) relatif à la technique de la narration des récits de Ḥamze [21]. Une version de cet exemplaire nous est parvenue sous le titre de *Ṭarāz al-aḫbār* (Nouvelles précieuses). Ainsi, de nombreuses variantes de l'histoire de Ḥamze ont été composées. Il va sans dire que le sous-continent, lieu de rencontre des cultures indienne, iranienne et musulmane et de pratique de langues aussi riches que le persan, le sanscrit et des dizaines d'autres idiomes, était un endroit propice au développement tant qualitatif que quantitatif de la narration persane. Les contes les plus exhaustifs de la littérature persane, sinon du monde, ont été conçus dans le sous-continent : des œuvres uniques comme les contes, en 15 volumes, intitulés *Būstān-e Ḫiyāl* (Jardin de l'imaginaire) [22], et la très longue histoire *Golestān-e 'Ešrat* (Jardin des plaisirs), composée par Šafī' 'Alī Ḫān en 11 volumes, soit

---

20. Ḥāǰī Qeṣṣeḫān Hamedānī, après s'être rendu, en 1022 / 1613, d'Iraq à Hyderâbâd (Inde) avec, dans ses bagages, 7 exemplaires « Beḫān ravâyat »(Bekhân ravâyat) de l'histoire de Ḥamze, se met au service de Solṭān Moḥammad Qoṭb Šāh (1020-1083 h.q.). A la cour du roi, il entreprend la narration de ces récits et le monarque lui commande alors cet exemplaire. C'est en s'inspirant des versions des conteurs suivants qu'il rédige son propre récit : Ḥāǰe 'Abdolqāder Marāǧe, Ḥāǰe Šo'yeb Taršīzī, Mowlānā Abū al-ma'ālī Neyšāpurī, Mas'ūd Makkī, Jalāl Balḫ ī, Naṣr Bāzargān Tarmaḏī et Rāzī Ben Rāzī. (Introduction au Zobdat Al-romūz, Manuscrit n° 739, Bibliothèque de Bankapur, écrits du 18ᵉ siècle).

21. *Cf.* 'Abd al-nabī Faḫr al-zamānī, *Taḏkare-ye Meyḫāne*, édité par Aḥmad Golčīn Ma'ānī, Vol. 6, éd. Eqbāl, Tehrān, 1375, Préface, p. 14.

22. La rédaction de cette volumineuse histoire, suivant la méthode du *Ḥamze-nāme*, aura coûté 14 années (1155-1169) d'efforts à son auteur, Moḥammad Taqī al-Ja'farī al-Ḥoseynī (Ḫeyāl). Celui-ci commence son histoire, parée de l'éclat des épopées religieuses et héroïques, avec des personnages historiques, à savoir les califes fatimides d'Egypte, pour pénétrer ensuite dans un monde imaginaire et légendaire qui regorge de faits stupéfiants, de magie, de djinns et de fées et est extrêmement divertissant. Le conte entier est un mélange du *Ḥamze-nāme* et du *Abū Moslem-nāme* et est composé de trois parties principales, chacune appelée *Bahār* (printemps) et divisée en sous-parties dénommées « Golestān » (roseraie), « Golšan » « Golzār » et « Šaṭr ». Le premier *Bahār*, appelé *Mahdī-nāme*, comprend 2 volumes et ressemble au préambule ; le second *Bahār*, qui se compose de 5 volumes, est appelé *Mo'ez-nāme* ou *Qā'em-nāme* ; le troisième, intitulé *Ḫoršīd-nāme*, est célèbre et comprend 8 volumes dont une partie a atteint la notoriété sous le nom de *Šāhnāme-ye bozorg*. De nombreux exemplaires de cette histoire se trouvent dispersés dans les bibliothèques du monde. A titre d'exemple, on peut citer l'exemplaire de Bankapur (Inde), qui est complet et conservé dans la bibliothèque de cette ville sous les numéros 749 à 765. A ce jour, cette histoire n'a pas été imprimée, mais un résumé en langue urdu, intitulé *Zobdat al-Ḫeyāl*, en a été imprimé à Calcutta en 1834. Le regretté professeur Moḥammad Ja'far Maḥǰūb la présentait pour la première fois dans la revue *Iran-nameh*, 2ᵉ année, n° 1, automne 1362, pp. 29-43 sous le titre « Būstān-e Ḫeyāl, derāz-tārīn dāstān-e 'avāmāne-ye fārsī » (Bustân-e Khiâl, la plus longue histoire populaire persane).

plus de 7000 pages [23]. Dans un tel lieu, il n'est rien de surprenant que des récits aussi exhaustifs et variés du *Ḥamze-nāme* aient été parachevés.

D'autre part, un *Ḥamze-nāme* inspiré d'un récit géorgien du nom de *Amīrān-e darījāniyānī* (les princes descendants de Darijân) n'aura pas été sans laisser de traces, puisque, au 6ᵉ siècle h.q., après avoir été composé en 12 chapitres par Musā Ḫūnlī, il est diffusé dans la région du Caucase. Ce récit est très probablement un emprunt libre à l'histoire iranienne, fondamentalement modifiée, et où la suppression totale du poids religieux permettait une meilleure adaptation aux conditions locales du Caucase.

La traduction turque du *Ḥamze-nāme* constitue un énorme recueil en vers et en prose, écrit au 9ᵉ siècle. Cependant, en raison de l'aspect religieux et islamique de cet ouvrage, il n'a pas été introduit en Europe.

En persan, une histoire intitulée *Joneyd-nāme* a été écrite sur le modèle du *Ḥamze-nāme*. Son héros est Seyyed Joneyd qui est à la fois le cousin germain de Ḥamze Ben ʿAbdolmoṭaleb et le grand-père de Abū Moslem. Cette histoire est l'une de celles qui se rapportent à Abū Moslem, offrant toutes de nombreux points communs avec l'histoire de Ḥamze, ce qui crée un lien indissoluble entre le *Ḥamze-nāme* et le *Abū Moslem-nāme* [24]. Bien que le *Abū Moslem-nāme* soit considéré comme la plus renommée des légendes de la littérature persane de ces derniers siècles, cet ouvrage n'avait pas encore fait jusqu'à ces dernières anneés l'objet d'une édition critique complète. Celle-ci, due aux efforts de l'auteur de cet article a vu le jour, publiée par l'IFRI et les éditions Mo'in à Téhéran [25].

Le cas du *Abū Moslem-nāme* est, lui aussi, très intéressant en ce qui concerne l'interférence des cultures. Le sujet de cette légende recouvre les guerres menées par Abū Moslem Ḥorāsānī jusqu'à son lâche assassinat par Abū Jaʿfar ʿAbbāsī. Ici, Abū Moslem est un soldat qui, tel un bon chiite fidèle à ʿAlī et disciple de l'Imām Moḥammad Bāqer, met sa vie en péril pour renverser les Omeyyades usurpateurs et faire définitivement taire les insultes proférées à

---

23. *Golestān ʿEšrat* a été écrit en Inde sur le modèle de *Būstān-e Ḫeyāl* à la fin du 12ᵉ et début du 13ᵉ siècle. Son auteur est un dénommé Šafīʿ ʿAlī Ḫān Ben Ḫalīl Arraḥmān Lakahnowī supposé être l'un des petits-fils d'Ebrāhīm Adham (Ḏarīʿe 18 : 41). Cet ouvrage est une fiction dont le héros est Alexandre et dont le thème tourne autour des guerres, des incursions, des triomphes et des défaites de celui-ci avec l'intervention d'éléments magiques et prodigieux. La mort n'ayant pas permis à l'auteur de terminer son ouvrage , le 11ème volume a été écrit par son fils Moḥammad Ḥasan Ḫān ʿAqīl. Un seul manuscrit de cette légende se trouve dans la bibliothèque Rajeh-ye Maḥmudâbâd de Lucknow (Inde) et répertorié sous les numéros 323 à 333.

24. C'est le seul manuscrit persan existant, réécrit et intitulé « Ketāb-e Seyyed Joneyd » et conservé à la Bibliothèque nationale d'Iran sous le nᵒ 2788 / F, 163 folios. Cette légende relate des événements saisissants sur la manière dont Seyyed Joneyd se rend au Qâf pour entreprendre de multiples guerres et combats. Finalement, au terme de nombreux démêlés avec des démons, des fées et des magiciens exaucent ses vœux. De cette légende, traduite en turc au 10ᵉ siècle, il reste de nombreux exemplaires en langue turque.

25. *Le roman d'Abū Moslem (Abu Moslem Nâmeh)* d'après la narration de Abū Ṭāher de Ṭarṭūs. Texte établi et présenté par Ḥoseyn Esmāīlī, Tehran, IFRI/Mo'in, 2001, 4 vols, 752+ 576+ 608+ 594 p., illus.

l'encontre de 'Alī, Prince des Croyants. Bien qu'ayant utilisé deux modes littéraires arabes, « moġāzī » et « moqātel », cette légende reste, dans la conception des événements et surtout dans le raffinement du héros, profondément influencée par les épopées nationales de l'Iran autant que par le style proprement persan de création des légendes. Durant la seconde moitié du 4ᵉ siècle, un homme d'origine du Khorassân du nom de « Abū 'Abdollah Marzbānī » écrit un ouvrage en arabe qu'il intitule *Aḫbār Abī Moslem Ṣāḥeb al-da'va(t)* (Nouvelles d'Abi Moslem, détenteur du Message) [26] et qui est sans nul doute le résultat de la réunion de récits de tradition orale du Khorâssân et d'Iraq.

Selon toute vraisemblance, au début du 5ᵉ siècle, cet ouvrage a été traduit en persan et nombre de ses récits sont devenus célèbres. Parmi eux, il convient de mentionner le récit du maître de la narration persane, Abū Ṭāher de Ṭarṭūsī, dit Tartussi ou encore Tussi, qui est supérieur aux autres et plus fascinant encore. Ceux-ci sont d'ailleurs tombés dans l'oubli.

Durant des siècles, ce récit, qui est l'un des premiers récits marquants de la littérature persane, a brillé telle une étoile dans la culture iranienne et inspiré d'autres récits complémentaires, dont : *Zamjī-nāme, Joneyd-nāme, Mezrābšāh-nāme, Kūčak-nāme* et *Jamšīd-nāme*. D'autres contes encore se sont greffés sur lui [27]. A ce propos, on peut citer *Bābak-nāme* et *Aḫbār al-moqanne'*. En raison de l'interdiction décrétée par le gouvernement safavide, le récit allait perdre de son audience pour, finalement, tomber dans l'oubli en Iran. En revanche, en Anatolie, en Inde et en Asie centrale, où il en reste des dizaines de copies manuscrites, il continuait à se propager. En Turquie ottomane, des récits locaux inspirés d'*Abū Moslem-nāme* ont engendré des œuvres telles que *Qeṣṣe-ye malek Danešmand Ġāzī* et *Ṣaltīḫ-nāme* [28]. En Inde et en Asie centrale, des versions très éloignées de cette histoire, qui s'apparentent plutôt à l'emprunt libre, ont été peaufinées. Enfin, de nombreuses traductions en ont été faites en turc djaghataï [29].

L'influence réciproque des éléments linguistiques est également visible dans l'histoire d'Abū Moslem. La simplicité de la prose semble aller de soi

---

26. Ibn-e Nadīm, *Al-fehrest*, trad. Moḥammad Reḍā Tajaddod, vol. 3, Amīr Kabīr, Tehrān, 1366, p. 221.

27. Certains de ces récits sont si apparentés à *Abū Moslem Nāme* qu'il semble qu'ils en font partie intégrante ou qu'ils en sont la suite. Parmi eux, on peut citer le *Joneyd-nāme* dont la chronologie des événements correspond plus ou moins à l'époque d'Abū Moslem et qui forme une « segānān » (trilogie) relative à Abū Moslem. Pour plus d'informations sur ces récits, cf. Hossein Esmaïli « Dar bāre-ye Abū Moslem-nāme », in *Iran-nameh* (à la mémoire du professeur Moḥammad Ja'far Maḥjūb) 14ᵉ année, n° 2, printemps 1375, pp. 191-216.

28. Cf. Irène Mélikoff, *Abu Moslem*, éd. A. Maisonneuve, Paris, 1962, p. 65.

29. A part les nombreux turcs exemplaires de cette histoire, des dizaines d'exemplaires persans sont conservés dans les bibliothèques publiques du monde entier. La plupart d'entre eux ont été transcrits hors d'Iran. Le meilleur est l'exemplaire en deux volumes de la Bibliothèque Nationale de Paris, répertorié Supplément persan 842 ; 842 a, imprimé par nos soins et base de référence des exemples donnés ici.

étant donné la nature narrative et populaire de l'œuvre. Toutefois, bien que l'histoire soit une épopée héroïco-religieuse et que, les mots arabes y foisonnent nécessairement, il faut préciser que leur pourcentage ne dépasse pas 15% et que ce vocabulaire est intimement lié à l'Islam, à son histoire et son évolution, aux dévotions et à la lignée arabe aux prises avec le pouvoir et le califat. Les versets du Coran, les hadith et prières, qui, en relation avec le sujet, visent surtout à prouver le bon droit d''Alī (la paix soit sur lui) et de sa lignée n'entrent pas dans le cadre de ce débat.

En ce qui concerne la structure lexicale et syntaxique de cet ouvrage, la traduction arabe n'a sans doute pas été sans influence. En effet, l'agencement persan de certaines phrases se trouve bouleversé : tantôt le complément du verbe suit le verbe, tantôt le verbe précède le sujet ou encore le sujet est placé en fin de phrase : « Bar īn čand rūz bogdašt tā rūzī jang kardand ḫāje bā zanaš », (*Puis plusieurs jours s'écoulèrent avant qu'ils ne guerroient Khâdjeh et son épouse*) [30] ou « Goft Abū Leyṯ : Ay ḫodāvand... » (*Dit Abu Lis : oh, Dieu ...*) [31] ou encore : « Az hezār yekī nadīdī mobārezat va zarb-e tabar-e ū rā » (*Un sur mille tu n'as pas vu ayant sa combativité et son coup de hache*) [32].

La mention de l'influence de la traduction arabe ne semble pas tellement dénuée de fondement quand nous savons que le premier manuscrit des légendes de Abū Moslem avait été écrit en arabe par « Marzbānī ». Sans doute son traducteur persan, Abū Ṭāher ou tout autre, n'a-t-il pas échappé à l'influence de la prose arabe pas plus que, de toute évidence, Ṭabarī dans sa propre traduction.

On rencontre une série d'autres mots non persans dans le texte, en l'occurrence des mots turco-mongols dans la proportion d'environ 1%, appartenant surtout au vocabulaire administratif, fiscal et militaire, dont des mots simples et composés entrés dans la langue persane entre l'époque seldjoukide et l'ère timuride.

Après la première vague de transformations de la prose de l'*Abū Moslem-nāme*, qui n'épargna pas la syntaxe de ses effets, ce fut, aux 6ᵉ et 7ᵉ siècles, le tour de l'intrusion dans la langue persane de mots turco-mongols. Progressivement, les scribes, obéissant à la tendance de l'époque et à leur propre familiarité avec les mots turcs courants, en ont introduit autant qu'ils ont pu dans leurs copies de cette histoire. C'est ainsi que des mots comme : *otāqe*, *aḫte*, *olāq*, *olke*, *olang*, *oymāq*, *īl*, *īlčī* et *īlgār* (seulement pour ce qui concerne la lettre *alef*) ont éliminé leurs équivalents persans et, probablement, arabes.

---

30. *Abū Moslem-nāme*, manuscrit de la Bibliothèque nationale de Paris, n° 842, p. 19- A
31. *Ibid.* p. 360 – B.
32. *Ibid.* p. 379 – A.

Dr. Ali AFKHAMI

LANGAGE ET CULTURE

La culture d'une société est la somme de ce que l'homme doit savoir ou ce en quoi il doit croire [1] afin qu'il se comporte de façon acceptable. Dans son acception la plus générale, la culture est ce même savoir. Nous entendons ici par savoir la science du « quoi » alliée à celle du « comment ». La première s'apparente à la connaissance des mathématiques et de l'histoire, tandis que la seconde ressortit à la manière de conduire un véhicule ou de nager. Certes, s'agissant de la culture, il est possible d'en présenter, selon les divers points de vue adoptés (sociologique, anthropologique, typologique, etc.) diverses définitions. La définition pour laquelle nous opterons ici, pour les besoins de notre sujet, est en premier lieu celle qui s'est généralisée dans la société : nous entendons par « savoir » un ensemble de connaissances, tant pratiques que théoriques, allant de savoir comment manger à savoir comment demander pardon. Bref, la culture est un savoir qui repose sur le sens commun. Les psychologues et les linguistes ont, durant les dernières décennies, mentionné le fait que l'expansion de la connaissance du développement humain et celle du langage sont en étroite corrélation et constituent ensemble un système relationnel complexe. A ce sujet, la nature communautaire du langage a donné naissance à une science nouvelle : l'ethnographie, dont les chercheurs considèrent le langage à la fois comme source de savoir et comme moyen de l'exposer et de l'évoquer. On dit que le langage d'une société est la manifestation de sa culture. Toutefois, en réalité, il existe entre ces deux catégories une relation du général au particulier. Hegel, dans son fameux ouvrage La *phénoménologie de l'esprit*, pense que l'être humain diffère de l'animal non seulement parce qu'il contrôle ses instincts mais aussi par ce qu'il est capable de dominer ses pensées et ses croyances, fait établi par l'acceptation de critères universels.

Selon Hegel, la culture signifie le processus de différenciation et de dépassement du moi originel ou biologique, ou, en d'autres termes, le pouvoir de sortir des voies étroites d'une vision des choses entraînant l'acceptation d'autres points de vue. Ce processus rend possible l'acquisition du savoir et de la compréhension vis-à-vis de soi-même et des autres. Il revient au langage de socialiser l'homme, le langage devenant alors une part de la culture. Les langues, quant à elles, catégorisent fort utilement le monde géographique et culturel car elles représentent des systèmes de classification susceptibles de

---

1. Drunti, *Linguistic Anthropology*, Cambridge University Press, 1995.

permettre la découverte d'importants indices pour l'étude des croyances et des cultures.

Dans cet article, nous nous efforçons à la fois de définir et expliquer le domaine de la culture et du langage tout en identifiant les voies possibles vers une entente parfaite entre les cultures, ceci grâce aux dialogues instaurés par la linguistique, plus précisément la linguistique pragmatique et la socio-linguistique. Nous tenterons également d'offrir dans cette sphère une méthode susceptible de faire progresser l'enseignement des langues étrangères, de lui assurer plus de succès et d'apporter une plus grande précision en traduisant ouvrages et réflexions intellectuelles et culturelles. Ainsi, grâce à la reconnaissance de modèles linguistiques et culturels qui, très souvent, font partie intégrante du savoir inconscient des locuteurs (par l'intermédiaire des méthodes linguistiques, théoriques et pragmatiques), nous pouvons non seulement contribuer à la paix dans le monde (l'un des objectifs de l'UNESCO), mais encore parvenir à un juste dialogue entre les cultures ou, comme il a été dit, entre les civilisations. Mais la question qui se pose ici est celle de savoir si l'adaptation de la connaissance culturelle à la réalité universelle est possible. En réponse, nous devons dire qu'il n'est nullement nécessaire que le savoir assujetti à la culture (ou les résultats qui en découlent) soit exact du point de vue de l'adaptation au monde extérieur, pour que nous le considérions comme savoir culturel. A titre d'exemple, certains croient que la pratique du sport raccourcit la vie, alors que d'autres pensent exactement le contraire. Ces deux groupes de personnes ont acquis leurs façons de penser respectives selon une certaine méthode sociale et les deux points de vue peuvent être considérés comme des éléments de la culture.

C'est pour cette raison que les anthropologues s'intéressent à la connaissance naturelle et ordinaire des individus, tout comme les linguistes s'attachent de préférence à la pratique quotidienne du langage et non à ses prescriptions. L'une des plus intéressantes questions relatives au savoir culturel est le cadre dans lequel les individus sont capables d'interpréter le comportement des autres et de parvenir plus ou moins à des propositions uniques. A titre d'exemple, nous, les Iraniens, faisons une distinction entre les cérémonies célébrant des événements heureux et celles marquant un deuil et adoptons pour chacune d'elles le comportement opportun. Par conséquent, si les individus étaient dénués d'une telle connaissance commune et explicite, leur comportement en public au cours de ces réunions ne pourrait être prévu à ce point. Une question délicate, à laquelle nous devons prêter attention, se pose ici : la réalité que nous nous devons de mentionner ne signifie pas que la connaissance non culturelle doive nécessairement différer d'un individu à l'autre. En effet, des individus distincts peuvent, compte tenu d'expériences semblables du monde ou de patrimoines génétiques identiques ou proches, parvenir à des conclusions uniques. Par exemple, tous les êtres humains pensent de la même manière à propos de la dimension verticale, sans pour autant avoir appris l'un de l'autre ce concept. Ainsi, on peut dire que, dans le domaine du langage et de la culture, nous nous trouvons face à trois sortes de connaissances :

1. La connaissance commune culturelle, à savoir tout ce que nous apprenons des autres et de la société.

2. La connaissance commune non culturelle : connaître le fait, par exemple, que le sel est salé.

3. La connaissance non commune et non culturelle qui est propre à chaque individu tout comme ses empreintes digitales, ou, pour employer une expression appartenant à la linguistique, son idiolecte.

Compte tenu de ce qui précède, il est possible d'affirmer que tout ce qui relève de ce qu'on appelle système du langage et que nous avons en mémoire comporte ces facteurs :

- des idées mémorisées ou ces mêmes mots du langage ;
- des idées ou propositions qui en constituent la signification ;
- des idées mises en mots par la diffusion sociale [2].

Il est finalement possible d'affirmer que la relation entre langage et culture revient à une relation entre un ensemble et l'une de ses composantes. Certes, la culture constitue une part importante du langage, ce qui nous fait adhérer à l'opinion de Goodenough selon laquelle le langage d'une société est une part de sa culture ; bien évidemment, leur degré d'interférence concerne toutes les parties du langage socialement acquises.

Se pose ici une autre question : jusqu'à quel point les langues diffèrent-elles et les cultures se distinguent-elles ? Cette différence est-elle infinie, preuve que des individus distincts vivent dans des mondes physiques et intellectuels absolument dissemblables ? Certes, il existe des différences entre les langues, mais cela ne signifie pas qu'il faille admettre l'hypothèse de Sapir et Wharf que certains appellent géométrisme du langage. L'aspect excessif de cette théorie repose sur une combinaison de la relativité pure et de la certitude absolue qui mène à l'induction qu'il n'y a aucune limite quant au degré de variétés et de disparités entre les langues, y compris dans leur formation sémantique. Selon les tenants de cette théorie, l'influence déterminante de la langue sur la pensée est certaine et totale, si bien que sans langage la pensée n'existerait pas. Ainsi, deux points importants se trouvent soulevés : tout d'abord, aucune limite n'existerait à la variété des individus quant à la manière de penser, particulièrement s'agissant des concepts qu'ils créent, puis, en second lieu, s'il était possible de contrôler de quelque manière la langue que les individus apprennent, on pourrait également contrôler leur pensée (le caractère erroné de cette théorie a été prouvé). Ceci dit, nous pouvons donc affirmer que : premièrement, ce sont les concepts qui forment le langage et non pas l'inverse, à l'exception des bases très abstraites de la pensée. Ensuite, leur élaboration est

---

2. *Cf.* Peter Tradgill, *Sociolinguistics*, 1980.

dans l'ensemble un phénomène indépendant, évidemment sans rapport avec le langage en soi. Enfin, les concepts et éléments linguistiques peuvent être adaptés de façon à répondre à nos besoins. Certes, le langage peut nourrir l'esprit.

Il reste que, comme il a été dit précédemment, les disparités séparant les langues sont frappantes. La première concerne les concepts propres à chacune d'elles. Ainsi, certaines langues expriment des concepts impossibles à exprimer dans d'autres. A titre d'exemple, il existe en arabe plusieurs vocables pour désigner différentes sortes de chameaux : *jamal* (chameau mâle), *nāqeh* (chamelle), *ba'īr* (chameau âgé de 5 à 9 ans) etc. Cette même langue n'a qu'un seul mot pour désigner la neige et la glace : *talj*. De telles différences semblent de taille mais si l'on décompose chaque mot en ses constituants sémantiques, nous constatons qu'il est aussi possible d'exprimer nombre de ces mots en d'autres langues. Prenons par exemple le vocable arabe : *dahabā* qui se décompose ainsi : partir + désinence du passé + deux personnes + masculin et que l'on traduira par : ces deux personnes (de sexe masculin) sont parties. On ne peut donc pas dire qu'il existe dans certaines langues des acceptions que d'autres langues ne peuvent pas exprimer. Seule la méthode d'expression diffère. Certaines disparités entre les langues dénotent des écarts culturels. Par exemple, le fait que dans la langue persane des expressions comme « parlement », « université », « démocratie », « parti politique », « télégraphe », « télévision » et bien d'autres encore n'existaient pas il y a une centaine d'années était symptomatique du profond écart séparant alors la société persanophone des autres, notamment de la société francophone. Toutefois, il faut, dans ce domaine, garder à l'esprit deux points, le premier étant que les contrastes culturels se reflètent pour la plupart dans les mots d'une langue et non dans les systèmes phoniques et morpho-syntaxiques. En d'autres termes, on ne peut jamais dire que, par exemple, dans les langues dont le système verbal distingue le féminin du masculin, cette distinction serait significative d'une considération particulière pour la femme (à ce point de vue, la similitude qui rapproche les langues arabe et française d'une part et les langues persane et anglaise d'autre part est intéressante). Un autre point à souligner est que toute différence de vocable ne dénote pas non plus une différence culturelle. Par exemple, en allemand il existe deux verbes pour désigner « manger », dont l'un signifie l'acte de manger de l'homme *essen* et l'autre celui de l'animal *fressen*. Mais en anglais, les deux significations sont rendues par un seul verbe *eat*. Il est fort improbable qu'on puisse ramener une telle différence entre ces langues à un écart culturel entre les deux sociétés. Maintenant, la question se pose de savoir si l'anglais et l'allemand diffèrent dans leurs constituants sémantiques ou bien, pour être plus précis, dans la composition de ceux-ci. Un autre aspect important dans la relation entre langage et culture est la relativité des lois socioculturelles régissant le langage qui, généralement, dans les échanges culturels et l'interaction entre les individus, est génératrice de malentendus. Les spécialistes de l'enseignement des langues et de la linguistique appliquée travaillent sur des modèles de comportement linguistique connus sous le nom de règles du discours (*rules of speaking*). Des recherches sur l'ethnographie du discours ont montré qu'il existe à ce sujet des différences importantes dans les sociétés linguistiques. Les spécialistes s'efforcent de les identifier. On peut citer, entre autres, les études de Heims (1964), de Gasperz et Heims (1964, 1972) Bauman et Charzer (1974). Enfin, la relativité des lois de la sociolinguistique donne des résultats appréciables dans l'enseignement des langues et les relations interculturelles. Les personnes désireuses d'apprendre une nouvelle langue s'attendent à apprendre de nouvelles règles phonétiques et de syntaxe et non pas à mémoriser de nouveaux mots. Mais ce qui est le plus souvent négligé est l'acquisition de l'habileté à apprendre les règles du discours particulières à la société de la langue en question. Ce problème qui, en fin de compte, aboutit à un malentendu et une mauvaise relation, est vu par Thomas (1983) comme un échec de la pratique linguistique, entendant par cette expression le fait que l'individu (celui qui apprend une langue) n'est pas capable (malgré son apprentissage de la structure de la langue) de comprendre correctement ce qui a été dit.

Par conséquent, l'apprentissage d'une langue qui se fait sans tenir compte d'une mise en pratique correcte de cette langue s'accompagne le plus souvent d'un échec sur le plan pratique et le résultat ne sera autre que malentendus, méprises et rupture de la communication. En ce qui concerne l'enseignement ou l'appren-tissage d'une langue étrangère, le problème d'une mauvaise communication entre les cultures est d'une importance capitale. Les personnes qui étudient une langue sont le plus souvent capables de traduire une partie du discours de la première langue dans la langue destinataire mais généralement incapables d'en transmettre le sens. Par exemple, en anglais, il est normal et courant qu'une demande indirecte soit formulée par l'emploi de la forme interrogative, comme *can you pass the salt* ? Les personnes dont l'anglais est la langue maternelle savent qu'il ne s'agit pas ici d'une demande d'information mais d'une demande d'action.

A présent, si un anglophone apprenant une langue étrangère formule cette demande en la traduisant mot à mot, l'interlocuteur de la langue cible ne pourra pas l'analyser et l'interpréter, en ce sens qu'il ne la saisira pas comme une demande mais comme une question. Du point de vue linguistique, on dit à ce propos que le pouvoir d'expression est perdu et que l'interlocuteur ne comprendra pas le propos. Un autre exemple est constitué par l'écart culturel de l'emploi en anglais de l'expression *How are you* qui ne doit pas être interprétée comme une quête de l'état de santé d'une personne mais comme une forme polie de salut. Un autre cas qu'il est possible de mentionner à ce sujet est celui de l'expression de la gratitude dans les diverses cultures. Le problème se pose dans les langues sud-asiatiques. Par exemple, les locuteurs des langues marati et hindi utilisent des modèles totalement différents des Européens. En effet, la signification du remerciement dépend profondément du sentiment de dette à l'égard de l'interlocuteur et le remerciement en tant que tel n'intervient jamais, sauf si le locuteur sent que son interlocuteur lui a rendu un service qu'il n'avait aucune obligation de rendre. Ainsi, dans les échanges commerciaux, aucune formule de remerciement ne circule entre acheteur et vendeur, c'est-à-dire qu'aucun des protagonistes ne prononce la formule « merci » ou *thank you*. La plupart des Américains ont plus ou moins la même habitude en ce sens que mari et enfants ne remercient jamais la mère pour la peine prise à préparer les repas mais, en revanche, ils la gratifient d'un compliment au sujet du bon goût du repas et de la propreté de la maison : le repas est très bon, la maison est bien tenue et propre.

En japonais, le mot utilisé pour remercier et pour demander pardon est le même : *sumimasem*. Dans les livres japonais, le mot *arigato* exprime ordinairement le remerciement dans le sens de *thanks*, mais il semble qu'en japonais *sumimasen* est plus utilisé que *arigato*, en fait dans les circonstances où les anglophones disent *thank you*. Lorsque nous recevons un présent, normalement nous ne disons pour ainsi dire jamais « pardonnez-moi », *excuse me* ou « je suis désolé », *I am sorry*. Or, dans de telles circonstances *sumimasen* suggère cette même signification :

Sumimasen = Thank you or I'm sorry

Le locuteur de *sumimasen* exprime sa dette envers son interlocuteur et l'énonce. La signification japonaise des présents, aides et amabilités diverses penche vers la peine qu'aura prise le gratificateur plutôt que le geste aimable envers le gratifié. En anglais, lorsqu'un invité remercie son hôte après le dîner, il est possible qu'il dise « merci beaucoup pour la bonne soirée que je viens de passer» alors que dans des circonstances semblables, ce que dira normalement, entre autres, un invité japonais sera : *jama itashimashita-o*, ce qui signifie je suis venu sans prévenir, en importun, voire en profiteur. Bref, en ce qui concerne les problèmes linguistiques posés par les lois socioculturelles régissant une langue, il existe de multiples exemples que nous pouvons étudier et formuler selon la méthode de l'ethnographie du discours (*ethnography of speaking*).

Pour conclure, je rapporterai un important incident diplomatique qui se produisit lors d'une visite en France de Carter, le président américain de l'époque, à sa sortie du palais de l'Elysée. Les journalistes qui l'attendaient devant l'Elysée lui demandèrent dès sa sortie de dire quelques mots de son entrevue avec les officiels français. Carter donna alors son avis sur une heureuse initiative prise par un responsable français, ce que l'opinion française considéra alors comme une sorte d'offense à l'égard de la nation. En fait, l'interprétation française du commentaire de Carter résultait d'une méconnaissance de la culture américaine où le fait de faire l'éloge et de justifier un homologue politique est loin d'être mal considéré : bien au contraire c'est plutôt jugé comme étant une très bonne chose. A l'époque, les journaux français avaient écrit que les déclarations de Carter revenaient à une immixtion dans les affaires politiques intérieures de la France et ressortissaient à une sorte d'impérialisme américain [3].

Ainsi donc, du point de vue de la linguistique théorique et appliquée des recherches portant sur les effets de rhétorique pourraient non seulement simplifier l'apprentissage correct d'une langue mais encore ouvrir la voie à une perception correcte des cultures ainsi qu'à une compréhension mutuelle accrue et à une paix durable.

---

3. Nessa Wolfson, *Perspective, sociolinguistes and TESOL*, Newbury House Publishers inc, 1989.

Muhammad-Reza FAKHR-ROHANI

PERSIAN RELIGIOUS HONORIFICS :
A PRELIMINARY PRAGMATIC INQUIRY
INTO THE LINGUISTIC MANIFESTATIONS OF TWO
ISLAMIC ARTICLES OF FAITH*

Language reveals certain aspects of the culture of a community, one of which is concerned with the social status of individuals, and hence with respect and its linguistic manifestations. In this way, language and socio-cultural phenomena have covaration with one another (Trudgill, 1983 : 24). Consequently, certain linguistic choices on the side of the speaker may prove indicative of social relations (Wardhaugh, 1992 : 258). Viewed from this perspective, social deixis (including both terms/forms of address and honorifics) is of special significance, because they represent the social structure of the community in question (Keshavarz, 2001 : 6). It is in this way that the various and, at the same time, relative levels of paying respect, as practiced in the linguistic community, find expression in the linguistic structure.

According to Brown and Levinson (1978/1987) politeness is related to face, and there are two kinds of politeness : positive and negative (*cf.* involvement and independence in Scollon and Scollon 2001). In this regard, there are also two notions : forms/terms of address [1] and honorifics. In the case of the former, one deals with his/her interlocutor(s) and uses terms/forms to express his/her sincerity or respect, while the latter they be used in the case of people other than the interlocutor(s) (Braun, 1999). It follows that honorifics have a scope, wider by far than that of terms/forms of address (Levinson, 1983 : 89-92) ; Shibatani also renders a similar scheme (1994 : 1601). On the other hand, other scholars such as Keshavarz (1998), treat honorifics under the rubric of terms/forms of address. Parenthetically, it must be mentioned that in his latest article (2001), Keshavarz elaborates on only the usage of present-day Persian singular and plural second person pronouns.

Linguists provide various subcategorizations of honorifics. Levinson (1983 : 90) subdivides honorifics into referent honorifics, addresses honorifics, and bystander honorifics. In his later view, honorifics, « being an aspect of person

---

*. An earlier Persian version of this article –with a slightly different title- was read on the first day of the colloquium on *Contact des Langues dans l'Espace Arabo-Turco-Persan*, jointly organized by the University of Tehran, Institut National des Langues et Civilisations Orientales, Equipe de recherche Interdisciplinaire sur les Sociétés Méditerranéennes Musulmanes (INALCO-ERISM), and Institut Français de Recherche en Iran (IFRI) ; it was held at the Faculty at the Social Sciences of the University of Tehran on 9-10 May 2001.
1. Also termed address forms.

deixis », are of two main kinds : referent honorifics, and nonreferent addresses honorifics (1994 : 856). Notably, Keating (1996, 1997) dichotomizes honorifics into exaltive and humiliative ones (cited in Duranti, 1997 : 176).

Relevant data from contemporary Persian indicate that honorifics have some noteworthy aspects to study. Whereas paying respect to religious personalities and dignitaries is most commonly formulated as a *salām*, viz. blessing or benediction (*cf.* exaltive honorifics), renunciation of negative and detestable figures as well as cruel, oppressors is phrased as a *la'n*, viz. curse, malediction (*cf.* humiliative honorifics). Both of them, viz. *salām*-s and *la'ns*, make use of a good deal of Arabic words and expressions.

In the category of *salām*-s, the names of individuals and dignitaries are preceded by such titles as: *emām* « imam », *ḥaḍrat* « his/her highness », *emāmzāde* « son of imam », *šāhzāde* « prince »[2], *jenāb* « his/her excellency », *āqa* « Mr. », *Ḥānūm* « madam », and the like. Of the above, *ḥaḍrat* is the commonest one, though it may precede other titles. Then the name is mostly followed by *laqab*-s « titles », with or without *kunya*-s. The last one to appear is a cliché prayer-like expression, indicative of the speaker's desire with regard to the dignitary mentioned. For example,

ḥāzrāt-e emām 'Alī ibn-e 'abī ṭāleb Amīr al-mo'menīn 'alayhe-salām.
  1   2   3   4   5   6   7

No. 1 is *ḥāzrāt*, a genderless honorific ; no. 2 an *eḍāfe*- construction marker ; no. 3 an honorific for male Infallible successors to the Prophet Muḥammad, viz. the Imams ; no. 4 the dignitary or the individual's proper name ; no. 5, a *kunya* ; no. 6 a *laqab* ; and no. 7 a post-nominal cliché prayer-like expression. It must be said that though such honorific terms as *ḥāzrāt*, *emām*, and *mowlā* seem to have some kind of overlapping in their semantic fields, they are mainly in complementary distribution. They can be placed along a special hierarchy, with their semantic as well as as pragmatic value determined by their opposition and ṣubstitutability, together with the felicity or appropriateness of their usage. The same holds true with respect to the cliché prayer-like expressions, for example, *'alayhe-salām* « May Allah's salaam » [lit. peace] be bestowed upon him' is used for male non-Infallibles ; though the latter is occasionally used for the Infallibles, the former is almost never used for non-Infallibles.

The usage of honorifics is not limited to Infallibles, the prophets of God, and other religious dignitaries, rather they can be used for virtually any entity associated with the above. These may include a wide array of things, from sacred writings to body organs and corporeal activities, from prayers and supplications to holy places and from personal possessions to consecrated objects, e.g. *qorān-e majīd* « the Glorious Quran », *dast-e mobārak-e emām* « the consecrated hand of the imam », *ziyārat-e por feyḍ-e 'ašūrā* « the Ashura graceful prayer », *ḥaram-e moṭahar-e emām reḍā* « 'the holy shrine of Imam al-

---

2. In religious contexts, roughly synonymous with /emāmzāde/.

Reza », *ḥāyer-e moqadas-e ḥoseynī* « the holy burial-place of [Imam] Husain »'[3], and *beyt-e rafī'-e marja'iyyat* « the high abode of the institution of the *Marja'e Taqlīd* 'religious authority' ».

The category of *la'n-s* 'curses', is radically different from that of *salām-s*. La'ns are less frequently used, compared with salaams. The names of unjust, cruel rulers are not preceded by any title whatsoever, rather the proper names are followed by a cursing expression, e.g. *la'n* « the cursed », *mal'ūn* « the cursed », *la'nat allah 'alayhe* « May God's curse be upon be upon him », and *'alayhe la'na* « May curse be upon him ». They are in free distribution, hence, unlike the category of *salām-s*, there seems to be no hierarchy of cursing expressions. The pragmatics of cursing expressions indicate that they are most commonly used for those unjust, cruel rulers, who withstood the Infallibles and/or their (close) companions ; they are not used for other such rulers, however.

The post-nominal cliché prayer-like expressions are different with respect to having short forms. It is remarkable that some of the more frequent cliché prayer-like expression are abbreviated, e.g. ع ('ayn) stands for *'alayhe-salām*, and ص (ṣād) stands for *ṣale allah-o 'alayhe va alehī va sallam*, « May God bestow His grace on him [the Prophet Muhammad] and his progeny ». There are no parallel abbreviations for cursing expressions, however.

Upon closer examination and comparison of the linguistic manifestations of the honorifics in the data of Persian religious discourse, one may achieve formulas much more intriguing and sophisticated compared with those presented by Ervin-Tripp (1969) in the case of American English. They enjoy a certain syntactic order, such that replacing or substituting some constituents with others will usually result in pragmatically incorrect and ungrammatical expressions. For positive figures, we have *ḥadrat emām, emāmzāde, šāhzāde* + proper name + *laqab* + a post-nominal cliché prayer-like expression ; for negative figures, we have proper name, *laqab* + a cliché cursing expression. It is remarkable that in the case of salaams, the proper name and the laqab are in apposition with each other, sometimes sorming a collocation.

There are two further noteworthy aspects. One is that the appositional phrases, viz. *laqab-s*, substitute for the proper name. Thus the honorific(s) may precede the laqab, which may or may not be followed by a cliché prayer-like expression. To adduce but one example : *ḥadrat-e seyyed al-šohadā emām ḥoseyn 'alayhe salām* « his highness the great of the martyrs Imam Husayn, May salaam be bestowed upon him » may also be rephrased without repeating the noun phrase *emām ḥoseyn* « Imam Husayn » : *ḥadrat-e seyyed al-šohadā 'alayhe salām.*

---

3. The word *ḥāyer*, or *ḥā'er*, denotes a circle just around the tomb of Imam Husayn, situated right under the dome of his shrine. It may also include the collective tomb of the some seventy martyrs, who are buried very close to the Imam's tomb.

The next point is that the honorific can substitute for the appositive and its parallel proper name or noun phrase. Now, the honorific, as already described, may or may not be preceded by a determiner. For instance, the above-mentioned phrase may be said in the form of such a determiner phrase (DP) as *ān haḍrat* (lit. That holiness) 'that religious figure' or in the form of a noun such as *haḍrat* '(the) religious figure', ofter followed by a plural verb, indication the speaker's deference toward the person mentioned. Lyon also speaks of a similar case with respect to the substitution of honorific expressions for personal pronouns (1977, vol. 2 : 642-43). However, with respect to cursing expressions, they have only their corresponding determiner phrase expressions, e.g. *šemr-e mal'ūn* « Shemr the Cursed » can be put as *ān mal'ūn* « that cursed person ».

The determining factors for the usage of such honorifics are not entirely sociological, but religious. Granted that, sociolinguistically, the two factors of social distance and intimacy (and/or solidarity) may be, and are, regarded as two factors in the use of second person singular and plural pronouns as in the case of the forms/terms of addresse, e.g. *tu/vous* in French, *to/šomā* in Persian, and *anta/antum* in Arabic, it seems that in religious discourse the usage of honorifics and also forms/terms of address (in the case of God, the Prophet Muhammad, the Infallible Imams, and imamzadehs) are not determined by these two factors, rather they are linguistic manifestations of two Islamic articles of faith, viz. *tawallī* (religious love, respect, and inclination) and *tabarrī* (renunciation). Parenthetically, it is worth mentioning that Cruse (2000 : 323), based on some French data, replaces the two factors of relative social status or distance and intimacy with the factors of formality of informality of the situation.

The evidence so far cited from Persian religious discourse is inspiring and intriguing enough to reconsider some generally accepted views. First, the Approbation Maxim of the Politeness Principle, as formulated by Leech (1983 : 135-6, 132), must be revised so as to capture and adequately describe the evidence at hand. Secondly, not only is the usage of such honorifics a linguistic manifestation of certain articles of faith, it can also be studied and analysed in the light of speech act theory, particularly perfomative utterances, and indirect speech acts. The reason is simply that the pronouncement of salaams and cursing expressions have the colouring of a religious, sometimes ritual, act. More specifically, in the case of salaams, one expresses his or her politeness toward the individual in focus ; in the case of cursing, however, two speech acts are done : renunciation of oppressors and cruel rulers, and indirect confirmation of one's love and respect toward the oppressed.

In conclusion, the study of such phenomena and evidence may lead to better and clearer mutual unerstanding, cross-cultural understanding and pragmatics, a study of ideolgies of Persian honorific language, an objective linguistic study of the language of religion, and ultimately producing better translations of Islamic, particularly Shiite, religious literature.

Achnowledgements

I wish to express my appreciation to the following for their invaluable help : Dr. Ali Afkhami, Dr. Ali-Muhammad Haqshenas-Lari, Dr. Muhammad-Hossein Keshavarz, Prof. Jef Verschueren, Prof. Bruce Fraser, Prof. Christophe Balaÿ, Prof. Catherine Poujol, Dr. Sonel Bosnali, Mr. Ishaq Akbariyan, Mr. Mahdi Nahvi, and Ms. Azam Borzuyi. Special thanks go to my beloved wife for her support and patience.

BIBLIOGRAPHY

AGHA, A., « Honorification », *Annual Review of Anthropology*, 23, (1994), pp. 277-302.

ASHER, R.E. & SIMPSON, J.M.Y. eds., *Encyclopedia of language and linguistics*, 10 vols, 1994, Oxford, Pergamon.

AUSTIN, J.L., *How to do things with words*, 2nd ed., ed. J.O. Urmson & M. Sbisa, 1975, Oxford, Oxford University Press.

BOUISSAC, P. ed., *Encyclopedia of semiotics*, New York, 1998, Oxford University Press.

BRAUN, F. « terms of address », *The handbook of pragmatics*, (1999), ms.

BROWN, P. & LEVINSON, S.C., Politeness, *Some universals of language usage*, Cambridge,1978/1987, Cambridge Universiy Press.

COULMAS, F. ed., *The handbook of sociolinguistics*, 1997, Oxford, Blackwell.

CRUSE, A., *Meaning in language : An introduction to semantics and pragmatics*, 2000, Oxford, Oxford Universiy Press.

DURANTI, A., *Linguistic anthropology*, 1997, Cambridge, 1997, Cambridge University Press.

ELIADE, M. ed., *The encyclopedia of religion*, 16 vols, 1993, New York, Macmillan.

EVIN-TRIPP, S.M. « Sociolinguistic rules of address », Pride & Homes, eds., (1969/1972), pp. 225-40.

FRASER, B. « Perspectives on politeness » 1989, ms.

GRUNDY, P. *Doing pragmatics*, 2nd ed., 2000, London ; Arnold, New York ; Oxford University Press.

HAEGEMAN, L., *Introduction to government and binding theory*, 2nd ed., 1994, Oxfrod, Blackwell.

IRVINE, J.T.,
- « Honorifics », Verschureren, Östman, & Blommaert eds.,1995, pp. 1-22.
- « Ideologies of honorifics language », Schifflin, Woolard & Kroskrity eds., 1998, pp. 51-67.

KASPER, G.,
- « Politeness », Asher & Simpson eds., vol. 6, 1994, pp.3206-11.
- « Linguistic etiquette », Coulmas ed., 1997, pp. 374-85.

KEATING, G.
- « Constructing hierachy : Women and honorific speech in Pohnpei, Micronesia », *International Journal of the Sociology of Language*, 1997.
- « Honorific possession : Power and language in Pohnpei, Micronesia », *Language in Society*.

KESHAVARZ, M.H.,
- « Form of address in post-revoluting Iranian Persian : A sociolinguistic analysis », *Language in Society*, 17, 1998, pp. 565-75.
- « The role of social context, intimacy, and distance in the choice of forms of address », International Journal of the Sociology of Language, 148, 2001, pp. 5-18.

KIRBY, V., « Value », Boussiac ed., 1998, pp. 625-27.

LEECH , G., *Principles of pragmatics*, 1983, London, Longman.

LEVINSON, S.,
- « Deixis », Asher & Simpson eds., vol. 2, 1994, pp. 853-57.
- *Pragmatics*, 1983, Cambridge, Cambridge University Press.

LITTLE, L.K., « Cursing » Eliade ed., vol. 4, 1993, pp. 182-85.

PECCEI, J.P., *Pragmatics*, 1999, London, Routledge.

PRIDE, J.B. & HOLMES, J. eds., *Sociolinguistics : Selected readings*, 1972, Harmondsworth, UK., Penguin.

RADFORD, A., *Syntatic theory and the structure of English : A minimalist approach*, 1997, Cambridge, Cambridge University press.

SCOLLON, R. & SCOLLON, S.W., *Intercultural Communication : A dicourse approche*, 2nd ed., 2001, Malden, MA : Blackwell.

SCHIFFLIN, B.B., WOOLARD, K.A. & KROSKRITY, P.V. eds., *Language ideologies : Practice and theory*, 1998, New York, Oxford University Press.

SHIBATANI, M., « Honorifics », Asher & Simpson eds., vol. 3, 1994, pp. 1600-8.

SZUCHEWYCZ, B.G., « Blessings », Asher & Simpson eds., vol. 1, 1994, pp. 370-71.

THOMAS, J., *Meaning in interaction : An introduction to pragmatics*, 1995, London, Longman.

TRUDGILL, P., *Sociolinguistics : An introduction to language and society*, rev. ed., 1983, London, Penguin.

VERSCHUNEREN, J., *Understanding pragmatics*, 1999, London, ; Arnold, New York ; Oxford University Press.

VERSCHUNEREN, J., ÖSTMAN, J.O. & BLOMMAERT, J. eds., *Handbook of Pragmatics 1995*, 1995, Amersterdam, J. Benjamins.

WARDHAUGH, R., *An Introduction to sociolinguistics*, 2nd ed., 1992, Oxford, Blackwell.

Mehdi AMANI

QUELQUES ASPECTS DÉMOGRAPHIQUES RELATIFS AUX LANGUES LOCALES EN IRAN

Il est très rare d'inclure dans les questionnaires préparés pour recensements ou enquêtes des questions relatives à la langue et au dialecte. La raison en est que de telles questions sont parfois ressenties par les gouvernements comme par trop sensibles des points de vue politique et géopolitique et incompatibles avec l'intégrité territoriale, surtout s'il existe une communauté de langue entre un Etat et ses voisins.

En Iran, le courage scientifique l'ayant emporté sur de telles susceptibilités c'est sans inquiétude que la question de la langue a pu être posée aux personnes composant la population iranienne concernée par le recensement de 1365 (1986). Cette question était ainsi formulée :

- Peut parler le persan
- Peut seulement comprendre le persan
- Ne connaît pas le persan

Après le recensement précédent, dans l'enquête échantillonnée de l'année 1372, la question de la langue a été reformulée de façon plus précise en ce sens que s'y trouvent mentionnés la langue maternelle et la langue pratiquée [1] ainsi que le degré de capacité à parler le persan.

Le tableau ci-dessous indique le pourcentage de population, pour les années 1365 et 1372, capable de parler le persan :

| Sexe | Villes | 1365 | | 1372 | Augmentation de 1365 à 1372 |
		Villages	Total	Total	
Hommes	92,7	78,0	86,0	90,7	4,7
Femmes	89,0	68,0	79,4	83,8	4,4
Les deux sexes	90,9	73,1	82,7	87,3	4,6
Différence au faveur des hommes	3,7	10,0	6,6	6,9	

Le degré de capacité à parler le persan (langue officielle de la nation et de l'éducation nationale) est de 6,6% plus élevé chez les hommes que chez les femmes en 1365 et de 6,9% en 1372. Dans l'ensemble, il s'est élevé de 4,6%

---

1. « Enquête sur les spécificités socio-économiques des ménages », revue n° 889, Centre de statistiques d'Iran, 1382, Téhéran.

de 1365 à 1372. En ce qui concerne les personnes parlant des langues locales, leur degré d'incapacité à parler le persan est tombé de 17,3% en 1365 à 12,7 en 1372. Ces pourcentages correspondent aux chiffres de 8,406,000 personnes pour l'année 1365 et 7 306 000 pour l'année 1372. Il faut dire que, malgré une baisse de 1 100 000 personnes, le nombre absolu reste encore important. En 1372, huit langues locales ont été retenues dans les questionnaires. Les locuteurs de ces huit langues, dont la répartition figure au tableau ci-dessous, ont été estimés à près de 32 600,000 personnes en 1372. Comme on peut le voir, ce chiffre représente près de 57% de la population totale du pays en 1372, soit 57 525 000 de personnes.

Langue locale	Pourcentage par rapport aux huit langues locales	Pourcentage des locuteurs de ces langues parlant également le persan		
		Des deux sexes	hommes	femmes
Turc	46,7	76	83	70
Lori	12,0	88	90	85
Kurde	9,7	71	79	63
Arabe	9,2	69	79	58
Gilak	8,0	92	93	90
Mazandarani	6,7	97	97	97
Baloutche	3,4	52	64	37
Turkmène	3,4	78	87	68
Total	100	78	84	72

Ainsi qu'on peut le constater, les locuteurs des huit langues locales connaissant également le persan représentent de 52 à 97% de la population totale, le pourcentage le plus bas revenant aux Baloutches et le plus élevé aux Mazandaranis, tandis que le premier groupe (turcophone) est bilingue dans la proportion de 76%. Pour l'ensemble de ces huit groupes, la connaissance du persan concerne plus d'hommes que de femmes, l'écart le plus grand étant constaté dans la population baloutche où il est presque du simple au double (64% pour les hommes et 37% pour les femmes).

Selon les statistiques publiées dans l'enquête de 1372, il est possible d'obtenir une estimation de la population de chacune des communautés parlant une langue locale. Les communautés parlant le turc, le lori et le kurde sont les plus nombreuses.

Estimation du nombre de locuteurs de chacune des huit langues locales en 1372	
Turcs	15,519,000
Loris	3,912,000
Kurdes	3,162,000
Arabes	2,998,000
Gilakis	2,608,000
Mazandaranis	2,184,000
Baloutches	1,108,000
Turkmènes	1,108,000 (environ)
Total	**32,596,000**

Le tableau ci-dessous met en évidence, pour l'année 1365, le pourcentage des personnes ignorant le persan dans chacune des 10 provinces où il dépasse les 15%.

	Province	Pourcentage des personnes ignorant le persan (1365)
1	Azerbaïdjan occidental	57,3
2	Kurdistan	55,0
3	Azerbaïdjan oriental	54,6
4	Ilam	38,8
5	Zendjan	31,3
6	Baloutchistan et Sistan	28,3
7	Kermânchâh	24,4
8	Lorestan	16,8
9	Kohkiluye et Buyer Ahmad	15,7
10	Khouzistan	15,0
	Moyenne nationale	**14,3**

Dans les provinces où une langue locale est parlée, on peut constater, d'après le recensement de 1375, certaines caractéristiques sociales différentes de celles des populations des provinces persanophones. A titre d'exemple, en ce qui concerne la main- d'œuvre et l'emploi, il est intéressant de noter que dans les provinces non persanophones le pourcentage des travailleurs familiaux non rémunérés et le taux d'ouvriers non spécialisés dépassent largement la moyenne nationale et le taux global du pays. On peut également constater que ces pourcentages élevés suivent parallèlement les taux importants d'analphabétisme de ces provinces. Cette analogie peut corroborer le lien existant entre ces trois facteurs : la langue, l'alphabétisation et l'emploi.

En ce qui concerne les travailleurs familiaux non rémunérés, 7 des provinces où est parlée une langue locale affichent des taux supérieurs à la moyenne nationale et au taux global de la nation :

Azerbaïdjan oriental :	13%
Azerbaïdjan occidental :	11%
Ardabil :	8%
Zendjan :	10%
Tchaharmahal Bakhtiari :	12%
Gilan :	12%
Koustanaï :	11%

Moyenne nationale   5%

En revanche, dans les provinces persanophones, ce taux est inférieur à la moyenne nationale ainsi qu'au taux global de la nation. En voici quelques exemples :

Ispahan :	4%
Kerman :	3%
Semnan :	3%
Fars :	3%
Bouchehr :	2%

En ce qui concerne les ouvriers non spécialisés par rapport à l'ensemble des personnes actives du pays, la plupart des provinces où est parlée une langue locale affichent là aussi un taux supérieur au taux national et à la moyenne de la nation :

Azerbaïdjan occidental :	18%
Ardabil :	18%
Ilam :	22%
Tchaharmahal Bakhtiari :	24%
Khouzistan :	15%
Sistan et Baloutchistan :	20%
Kurdistan :	21%
Kohkiluye et Buyer Ahmad :	26%
Lorestan :	19%
Kermânchâh :	16%

Moyenne nationale :   13%

Tandis que dans les provinces totalement persanophones, ce taux est largement inférieur à la moyenne nationale :

Ispahan :	9%
Yazd :	9%
Semnan :	7%

Aperçu de la situation des langues locales en 1335

Avant le recensement de 1365 et l'enquête de 1372, une publication à tirage limité éditée par la Direction Générale des Statistiques Générales du Ministère de l'Intérieur [2] (devenu en 1344 le Centre des statistiques d'Iran et rattaché à l'Organisation du Plan et du Budget) avait publié une estimation, relative à ces huit langues, sur la base des données du recensement de 1335. Bien que ces chiffres concernent le premier recensement du pays, ils ne sont pas dénués d'importance. Selon cette estimation, le nombre et le taux des locuteurs de ces huit langues se présentaient comme suit :

	Nombre de locuteurs en 1335	Pourcentage
Turc	3,910,000	42/2
Lori	1,080,000	11/7
Kurde	1,060,000	11/4
Arabe	380,000	4/1
Guilak	1,160,000	12/5
Mazandarani	920,000	9/9
Baloutche	430,000	4/6
Turcoman	330,000	3/6
Total	**9,270,000**	**100/0**

Les chiffres de 1335 et 1372 relatifs aux locuteurs de ces huit langues locales peuvent nous aider dans l'estimation du taux annuel d'augmentation du nombre de leurs locuteurs. Durant les trente-huit années séparant ces deux dates, certains de ces groupes linguistiques ont marqué un taux de croissance supérieur à celui de la population totale de l'Iran. Ce fut le cas des turcophones, des personnes parlant le lori, des arabophones et des turcomanophones. Toutefois, les kurdophones ont connu un taux de croissance à peu près égal au taux national, tandis que les autres minorités linguistiques restaient un peu en dessous de ce taux.

Il convient ici d'observer les taux ci-dessous :

Les taux absolus de croissance annuelle de chacun des huit groupes étudiés (pourcentage par année) se lisent comme suit : turcophones : 3,8%- personnes parlant le lori : 3,5%- personnes parlant le kurde : 3,0%- arabophones : environ 5% (taux dépassant les limites habituelles) – personnes parlant le gilaki : 2,2%- personnes parlant le mazandarani : 2,4%- personnes parlant le baloutche : 2,6%- turcomanophones : 3,3%.

Dans l'ensemble, le taux absolu de croissance annuelle des huit groupes linguistiques minoritaires durant ces 37 années aura atteint le chiffre de 3,45%

---

2. Revue « Amâr dar Irân » (Statistiques en Iran) n° 1, Dey 1338, Statistiques générales nationales.

alors que le taux de croissance de la population persanophone aura été de 2,59%. La conséquence en est que l'importance relative des groupes linguistiques minoritaires par rapport à la population totale durant ces 37 années est passée de 49% en 1335 à près de 57% en 1372.

Taux d'« extraterritorialité » des langues locales

Chacune des langues locales est pratiquée dans une région ou une province particulière et, la plupart du temps, porte le nom de la zone géographique en question. A titre d'exemples, la langue kurde concerne géographiquement le Kurdistan, la langue lori le Lorestan ainsi que les provinces et les zones géographiques habitées par les Lors et la langue baloutche le Baloutchistan et le Sistan. Néanmoins, il ressort des résultats de l'enquête de 1372 que le nombre de locuteurs de certaines de ces langues est supérieur, au niveau national, à la population de la province qui a donné son nom à la langue concernée. Pour illustrer ce lien entre langue et territoire, il est intéressant de souligner qu'en 1372 la population de la province du Kurdistan (territoire administratif officiel des Kurdes) atteignait le chiffre de 1,271,000 personnes alors qu'à l'échelle du pays près de 3, 200,000 personnes parlaient le kurde. Autre exemple : l'ensemble des provinces turcophones (Azerbaïdjan oriental et occidental, Ardabil, Zendjan) comptait 8,737,000 habitants en 1372 tandis que le nombre total de turcophones au niveau national atteignait le chiffre de 15,516,000 personnes. Ainsi, il est donc possible d'affirmer que les deux langues précitées sont des langues qui dépassent les frontières géographiques de leurs régions d'origine. En conséquence, si nous divisons le nombre total des locuteurs d'une langue locale par le chiffre représentant la population de la province d'origine concernée, nous obtenons l'indice d'« extra-territorialité » d'une langue locale. D'autre part, certaines langues locales concernent, à l'échelle nationale, une population moindre que la population de leur province ou région d'origine. Dans ce cas, nous pouvons considérer une telle langue comme véritablement locale ou confinée à la région concernée.

Le tableau ci-dessous montre une estimation du taux et de l'indice d'extraterritorialité des langues locales :

a) langues extrarégionales	(indice supérieur à un)
Kurde	2,49%
Turc	1,78%
Lori	1,38%
Guilak	1,15%
b) langues confinées à la région	(indice inférieur à un)
Baloutche	0,74%
Mazandarani	0,56%

Les indices de confinement à la région concernée des langues baloutche et mazandarani traduisent le fait qu'un nombre important d'habitants de ces deux provinces (Baloutchistan et Sistan ainsi que Mazandaran) n'en sont vraisemblablement pas originaires et que les langues locales précitées sont utilisées à l'intérieur de chacune des provinces concernées.

Rapport avec l'alphabétisation et l'éducation

Les statistiques obtenues à la suite des recensements nationaux mettent en évidence le parallélisme et le rapport dans le temps de l'expansion d'une langue locale et du taux d'analphabétisme. Compte tenu du fait que la langue officielle de l'éducation nationale est la langue persane, il est évident que les persanophones accèdent plus vite et plus aisément à l'éducation. Le tableau ci-dessous présente les pourcentages d'analphabétisme parmi la population âgée de plus de 6 ans dans certaines provinces dont la langue est locale.

Province	Taux d'analphabétisme	
	En 1365	En 1370
Baloutchistan et Sistan	64	50
Kurdistan	61	41
Azerbaïdjan occidental	53	38
Azerbaïdjan oriental	48	31
Lorestan-Ilam - Kohkiluyeh	47	31
Kermânchâh	44	31
Moyenne nationale d'analphabétisme	38	26

Il est à noter que dans les provinces où une langue locale est parlée les taux d'analphabétisme sont nettement supérieurs à la moyenne nationale. A ce sujet, le tableau ci-dessous met en évidence, pour l'année 1365, le pourcentage d'enfants de 6 à 10 ans non scolarisés dans plusieurs provinces à langue locale.

Province	Deux sexes	Garçons	filles
Baloutchistan-Sistan	53	43	63
Kurdistan	38	20	57
Azerbaïdjan occidental	7	24	50
Azerbaïdjan oriental	7	18	37
Lorestan	25	17	34
Au niveau national	18	13	24

Dans ce domaine également, on observe dans les provinces où une langue locale est parlée un taux d enfants non scolarisés (surtout chez les filles) nettement supérieur à la moyenne nationale.

La scolarisation est un facteur susceptible de réduire le taux d'ignorance de la langue persane car, ainsi qu'il a été dit, la langue officielle de l'enseignement est le persan, facteur contribuant à l'augmentation de la connaissance du persan écrit et parlé par les écoliers.

A ce sujet, il faut se reporter aux statistiques résultant du recensement de 1365, en ce sens qu'après le calcul du taux de « connaissance du persan » au sein des divers groupes d'âge, nous constatons que les enfants des provinces non persanophones ayant subi l'influence, jusqu'à l'âge de 8 ou 9 ans, de la langue locale parlée dans leur famille n'ont pas une connaissance suffisante du persan. Toutefois, après avoir fréquenté l'école primaire puis le lycée, leur connaissance de la langue persane s'améliore progressivement, ce qui aboutit à une réduction du taux d'ignorance du persan à l'échelle nationale. Ensuite, les groupes d'âge moyen et d'age avancé affichent progressivement un pourcentage élevé d'ignorance du persan dû à leur faible taux de scolarisation à l'âge scolaire dans les provinces non persanophones. Le tableau ci-dessous met en évidence les pourcentages de connaissance et d'ignorance du persan au sein des divers groupes d'âge de la population totale du pays (année 1365).

Tranches d'âge	Pourcentage d'ignorance du persan	Pourcentage de connaissance du persan
0-4 ans	26	74
5-9	13	87
10-14	6	94
15-19	6	94
20-24	8	92
25-29	10	90
30-34	11	89
35-39	13	87
40-44	14	86
45-49	16	84
50-54	17	83
55-59	19	81
60-64	19	81
65 et plus	20	80

Ce tableau peut aussi nous donner un aperçu de la composition future, en ce qui concerne l'âge et la population, de la persanophonie ou connaissance du persan en Iran, en ce sens que, sous l'effet d'une alphabétisation rapide en Iran la quasi-totalité des enfants des deux premiers groupes d'âge qui traversent la période allant de 10 à environ 20-24 ans acquièrent une connaissance suffisante et relativement complète du persan écrit et parlé.

En conséquence, les tranches d'âge de 10 à 24 ans, qui présentent le pourcentage minimum d'ignorance du persan, afficheront presque toutes, d'ici par exemple une trentaine d'années, une connaissance, écrite et parlée du persan, ceci en raison des progrès de l'enseignement, des moyens de communication et des mass media. Cependant, il convient de tenir compte du fait que la connaissance du persan, dans les sociétés où la langue locale est la langue véhiculaire, garde son aspect « extrafamilial » et que c'est finalement en résistant à la langue persane que la langue locale perdure au sein de la famille. En conséquence, les projections démolinguistiques doivent tenir compte des deux facteurs liés à la connaissance et au fait de parler le persan, à savoir les deux aspects vernaculaire et véhiculaire de cette langue. Ici, il nous vient une pensée qui semble également être une proposition utile pour les responsables du Centre de statistiques d'Iran : les questions relatives à la connaissance et à l'ignorance du persan destinées aux recensements et enquêtes devraient tenir compte de ces deux facteurs.

Compte tenu de la structure et du pourcentage de la connaissance du persan auprès des diverses tranches d'âge, il est possible d'affirmer que les personnes âgées de 10 à 24 ans en 1365, qui, en moyenne, affichaient le taux maximum de 95% de connaissance du persan outre celle d'une langue locale, lorsqu'elles accèdent à leur tour à l'âge parental après la durée moyenne d'une génération (environ 25 ans), leurs enfants atteindront des taux plus élevés de connaissance du persan tandis que leur langue vernaculaire aura conservé son importance relative.

Langue locale et maternelle et fertilité :

Les différents tests d'étude de la population corroborent l'existence d'une fertilité plus élevée au sein de la population des personnes ignorant le persan. En 1365, le test de Wartheim (pourcentage relatif aux moins de 15 ans) appliqué aux deux communautés, à savoir la communauté persanophone et celle ignorant le persan, était le suivant (pourcentage) :

Sites urbains		Sites ruraux	
Population persanophone	Population ignorant le persan	Population persanophone	Population ignorant le persan
42,2	53,5	47,7	53,7

Le pourcentage d'enfants de moins de 5 ans traduit également une nette supériorité du taux de fertilité et de natalité chez les personnes ignorant le persan ainsi que le montre le tableau ci-dessous (en pourcentages) :

Sites urbains		Sites ruraux	
Population persanophone	Population ignorant le persan	Population persanophone	Population ignorant le persan
16	38	16	31

Une enquête destinée aux tribus nomades d'Iran (Centre des statistiques d'Iran – mois de Tir 1366) rapporte que le pourcentage des moins de 15 ans représente 51% de la totalité de leur population, soit un chiffre très proche du pourcentage relatif à la population non persanophone.

En 1370, a été entreprise une étude sur « l'échantillonnage de la natalité » en collaboration avec le Bureau national de l'enregistrement et le ministère de la santé publique et des études médicales. L'un des résultats publiés de cette étude révèle le nombre d'enfants mis au monde par les mères des populations minoritaires jusqu'au moment de l'échantillonnage. Selon les résultats de cette étude, alors que les mères persanophones donnaient naissance en moyenne à 3,5 enfants, les mères ignorant le persan en mettaient au monde un nombre nettement plus élevé.

Mères azerbaidjanaises (Azéris)	4 enfants
Mères baloutches	5 enfants
Mères turkmènes	4,7 enfants
Mères arabes	4,6 enfants
Mères kurdes	4,3 enfants
Mères lores	4,5
Mères persanophones	3,5 enfants

Ces chiffres correspondent tout à fait aux pourcentages d'enfants de moins de 5 ans et de moins de 15 ans et traduisent un genre de comportement fortement nataliste de la part des personnes non persanophones. L'origine même d'un tel comportement pourrait d'ailleurs constituer le sujet d'un projet de recherche. Compte tenu du fait que la moyenne de vie de la société non persanophone est inférieure à celle des persanophones, la question se pose de savoir si la fertilité supérieure des non persanophones provient de la conscience qu'ils ont de leur taux élevé de mortalité, donc de leur courte espérance de vie, ou de la conscience qu'ils ont de leur minorité par rapport à la population totale. Quoi qu'il en soit, le facteur langue est l'un des facteurs déterminants de la fertilité et joue un rôle compensatoire et équilibrant pour les sociétés minoritaires d'une population.

Ayadi CHABIR

PORTRAIT DU VOCABULAIRE ADMINISTRATIF EN TUNISIE D'APRÈS *LE JOURNAL OFFICIEL* (1860-1900)

A la fin du 19ᵉ siècle, l'administration en Tunisie se trouve contrainte de communiquer en trois langues : l'arabe, langue des autochtones, le turc, celle des Ottomans au pouvoir, et le français qui s'officialise progressivement à partir de 1881. Afin de pallier aux difficultés de communication engendrées par l'usage simultané de ces trois langues, un journal officiel est paru pour la première fois en 1860, d'abord unilingue (arabe), puis bilingue (arabe-français) à partir de 1881.

Dans ce contexte, le vocabulaire arabe utilisé par l'Emetteur (les Français et/ou les Ottomans) à l'attention du Destinataire (les autochtones) ne peut avoir qu'un caractère spécifique, d'autant que la Tunisie connaît pendant cette période une vague incessante de réformes, liée ou non à une conjoncture internationale peu favorable :

- en 1839, le sultan ottoman Mahmud Abdül-Medjid promulgue une Charte impériale, les « Tanzimat », qui affirme l'égalité de tous les citoyens de l'empire, garantit la liberté et la propriété individuelle et promet l'assainissement du système fiscal ;

- en 1856, le sultan ottoman, afin de remercier ses alliés, publie un décret en faveur des chrétiens de l'empire ;

- en 1857, le bey de Tunis Muhammad ben Naceur, afin de moderniser le pays, octroie une charte, le « Pacte Fondamental » qui stipule l'égalité des musulmans et des juifs ;

- en 1865, les Jeunes-Turcs fondent leur mouvement politique qui a pour devise « Justice, Liberté, Patrie », et en 1876, ils déposent le sultan Abdul-Aziz. Le nouveau sultan, Abdülhamid II, inaugure son règne en promulguant la première Constitution ottomane, qui institue un système parlementaire bicaméral ;

- en 1881, l'État en Tunisie cesse d'exister en tant qu'autorité autonome par la signature du Traité du Bardo qui établit le protectorat de la France ;

- en 1883, la France crée en Tunisie un secrétariat général chargé de contrôler les ministres du bey.

Conscients de l'importance linguistique du *Journal Officiel*, M. R. Hamzaoui et ses collaborateurs de l'université de Tunis ont procédé au dépouillement des éditions successives de ce document. Ils ont publié récemment le lexique-index du *Journal Officiel* pour la période allant de 1860 à 1900 (édition du Centre des Etudes et de Recherches Economiques et Sociales,

Tunis, 1998). Ce lexique-index présente une liste exhaustive de tous les termes administratifs attestés dans la version arabe de ce journal. L'analyse de cette liste, actuellement en cours, va nous permettre, une fois achevée, de cerner les caractéristiques de ce vocabulaire dans lequel s'insèrent des concepts nouveaux, d'étudier les interférences linguistiques, d'analyser leurs consé-quences aussi bien linguistiques que sociopolitiques, et d'évaluer à quel rythme ce lexique s'est appauvri (appauvrissement dû à la désuétude dans laquelle tombent certains mots), ou s'est enrichi (enrichissement dû à l'emprunt et à la création de néologismes).

Si l'on passe en revue le lexique en question qui compte plus de 3500 termes administratifs, on est frappé par l'imposante quantité des emprunts effectués pendant cette période pour désigner en arabe des réalités ou des notions nouvelles. Ils proviennent essentiellement de quatre origines différentes qui sont par ordre d'importance :

- L'arabe classique qui fournit 90% des termes, et constitue la source principale dans laquelle on puise les mots soit pour traduire des vocables étrangers ou des concepts inconnus jusque-là, soit pour leur prêter une acception qui est celle d'un terme étranger. C'est ainsi que le mot *satat mālī* (actuellement, *tadahhum mālī*) est employé pour traduire l'équivalent français du mot « inflation », *al-duwal al-fiham* ou *al-duwal al-ʿuẓmā* ou encore *al-duwal al-mutaqaddima* pour désigner « les grandes puissances ». Le mot *ʿafv ʿāmm* (amnistie) apparaît pour la première fois en 1876, *jumhuriyya* (République) en 1878, *ʿalānāt* (affiches publicitaires) en 1885, *vazīr al-umūr al-ḫārejiyya* (ministre des affaires étrangères) en 1889, *maṣlaḥa(t) ʿāmm* (intérêt public) et *fīs cunsūl* (vice consul) en 1890.

- Le français qui fournit les termes techniques relatifs aux institutions administratives françaises. Le mot *tambre* (timbre) voit son apparition pour la première fois en 1878, *ʿafukātu* (avocat) en 1883, *kumruk* (douanes), *basbūrte* (passeport), et *būrse* (bourse) en 1884, *karantīna* (quarantaine), *kumīser* (commissaire), en 1885, *al-wisi* (huissier) en 1889, *atribunal, kambania* (compagnie), *māndat al-busta* (mandats postaux) en 1894. Ces termes ont remplacé progressivement d'autres d'origine turque ;

- Le turc qui représente 5% du vocabulaire du lexique et fournit l'essentiel des mots désignant les différentes dénominations administratives ottomanes, comme *āgā, āgā wagaq* (1860), *amir alay* (1860), *al-anbasi* (1862), *al-awda basi* (1862), *alay amin* (1879), *al-antikahana* (1894), *bāšā* et *bey* (1860) ;

- L'arabe dialectal, source de plusieurs vocables imposés par l'usage, comme *frānsawiyya* (française), *ṣanāʿiyya* (artisans).

Les différentes modalités d'emprunt, de décalque et de traduction ont toutes servi à enrichir le vocabulaire administratif. L'assimilation et l'intégration de ce vocabulaire a permis à l'administration tunisienne, non seulement de parer aux besoins les plus pressants, mais souvent aussi de s'adapter aux exigences de sa nouvelle situation sociopolitique.

Encore faut-il voir comment ce vocabulaire nouvellement introduit en Tunisie s'est métamorphosé au cours de cette période. Seule la datation précise de chaque terme et l'étude de l'évolution de leurs sens pourraient apporter des réponses certaines : c'est l'objet de notre recherche, actuellement en cours, sur les « contacts de langues dans l'espace arabo-turco-persan » au centre de l'Equipe de Recherche Interdisciplinaire sur les Sociétés Méditerranéennes Musulmanes de l'INALCO.

Johann STRAUSS

TURCO-IRANICA : ECHANGES LINGUISTIQUES ET LITTERAIRES IRANO-OTTOMANS A L'EPOQUE DES *TANZIMAT*

Lors d'un colloque qui eut lieu il y a quarante ans, Maxime Rodinson fit l'observation pertinente que « ....lorsqu'on fait l'histoire lexicale du vocabulaire proche-oriental [....], il faut prendre en considération plusieurs langues orientales. Nous devons faire une histoire lexicale commune, et cette exigence n'est pas toujours remplie par le fait que chacun est spécialiste dans son domaine naturellement » [1]. Entretemps, cette recherche à fait d'énormes progrès, notamment en ce qui concerne le vocabulaire politique, grâce aux travaux de Bernard Lewis [2], Helga Rebhahn [3] et Ami Ayalon [4]. Mais dans le domaine iranien et turc, il existe toujours des lacunes que nous essayerons de combler — ne serait-ce qu'en partie — dans cette contribution.

Cette contribution se propose d'étudier les contacts linguistiques (et littéraires) entre Iraniens et Turcs à l'époque des réformes en Turquie, connues sous le nom de *Tanzimat* [5]. C'est à cette époque que non seulement les rapports politiques entre les deux « Sublimes Empires » (pers. *Dowlat-e 'aliyye* — turc-ott. *Devlet-i aliyye*), mais aussi les rapports culturels atteignirent un nouveau niveau, du côté turc aussi bien qu'iranien.

1. *L'adaptation des langues « classiques » aux besoins modernes dans le Proche Orient (arabe, turc, persan, hébreu et grec moderne). Entretiens organisés les 25, 26, et 27 avril 1961)*, Institut d'études islamiques et Centre d'études de l'Orient contemporain de l'Université de Paris, p. 107.
2. Voir son *The Political Language of Islam*, Chicago, 1988 [version française : *Le langage politique de l'islam*, Paris, Gallimard, 1988].
3. *Geschichte und Funktion einiger politischer Termini im Arabischen des 19. Jahrhunderts*, Wiesbaden, 1986.
4. *Language and Change in the Arab Middle East. The Evolution of Modern Political Discourse*, Oxford, 1987.
5. Voir sur cette époque qui fut inaugurée par le célèbre rescrit impérial de Gülhane (1839), Paul Dumont, « La période des Tanzimat (1839-1878) » in Robert Mantran, éd., *Histoire de l'Empire ottoman*, Paris 1989, pp. 459-522.

LA POSITION DU PERSAN CHEZ LES TURCS OTTOMANS AU XIXᵉ SIÈCLE

Les contacts linguistiques irano-turcs remontent à l'époque la plus ancienne de l'histoire des Turcs [6]. Ils se sont encore renforcés après l'islamisation. Par la suite, l'empreinte persane s'est fait sentir non seulement dans les langues parlées par les Turcs d'Asie centrale, mais aussi chez leurs homologues en Occident, les Turcs ottomans.

On sait que la langue littéraire ottomane s'est formée sur le modèle du persan. Quant aux belles lettres, la littérature persane de l'époque classique est restée pendant des siècles « le modèle unique du beau » (Jan Rypka) [7]. Comme l'ont observé certains écrivains du XIXᵉ siècle, d'ailleurs plutôt critiques à l'égard de ce modèle, les Turcs-Ottomans n'avaient pas seulement emprunté des mots à la langue persane. Ziya Pacha (1825-1880), un des plus éminents hommes de lettres de l'époque des *Tanzimat*, observe dans son célèbre manifeste *Şiir ve inşâ* (« Poésie et prose » ; 1863) au sujet de l'influence arabo-persane: « Cette imitation n'a pas seulement affecté le style de la poésie (*üslûb-ı nazım*), mais même les idées (*efkâr*) et les significations (*meâni*) » [8]. Selon une expression qui figure dans la grammaire ottomane (*Kavaid-i osmaniyye* ; 1851) de Cevdet et Fuad – la première du genre –, le persan était « la langue des Soufis et des poètes » (*şuara ve sûfiyye lisânı*) [9].

L'empreinte du persan est encore très forte dans le turc de l'époque des *Tanzimat* [10]. Malgré une influence croissante du français, l'étude de cette langue était indispensable pour un lettré ottoman [11]. Muallim Naci (1850-1893), qui figure parmi les lettrés ottomans les plus respectés de l'époque, observe que « pour démontrer l'importance de l'étude de la langue persane, il suffit, à notre avis, de dire que ceux qui ne connaissent pas cette langue comme il faut, ne maîtrisent pas l'ottoman » [12]. Des poètes ottomans de l'époque des *Tanzimat* continuaient à faire des vers en persan. Citons-en quelques exemples : Le poète connu sous le *mahlas* de « Avnî » (1826-1883), originaire de Larissa en

---

6. Voir Gerhard Doerfer, « The Influence of Persian language and literature among the Turks », in Richard G. Hovanissian et Georges Sabagh, éds., *The Persian Presence in the Islamic World*, Cambridge, 1998, pp. 237-249. Voir aussi B. Fragner, *Die „Persophonie". Regionalität, Identität und Sprachkontakt in der Geschichte Asiens*, Berlin, 1999, pp. 81-84 ; Moḥammad Amīn Riyāḥī, *Zabān o ādāb-e fārsī dar qalamrow-e 'osmānī*, Téhéran, 1369 (ici, la version turque par Mehmed Kanar, Osmanlı Topraklarında Fars dili ve edebiyatı, Istanbul, 1995, a été utilisée).
7. « ...den vornehmsten, ja einzigen Standard des litterarischen Schönen » (Jan Rypka, *Báqí als Gazeldichter*, Prague, 1926, p. 15).
8. Voir A.S. Levend, *Türk dilinde gelişme ve sadeleşme evreleri*, Ankara, 1972, p. 117.
9. Ahmed Cevdet et Mehmed Fuad, *Kavaid-i osmaniyye*, Istanbul, s.d., p. 3.
10. Sur le « turc des *Tanzimat* » voir Fahir Iz.
11. Ce n'est pas par hasard, qu'un livre composé par un Musulman originaire de l'Inde, Eskandar-e Kašmīrī, pour l'instruction des fils du grand-vizir Fuad Pacha (1815-1869), « Les fables de Lokman » contenait, aussi une version française à côté des versions turques, arabes et persanes. Voir *Emsâlü l-Lokmân fî tezhîbi l-ezhân*, Istanbul, 1877.
12. Voir son *takriz* dans Ahmed Feyzî, *Ilâveli usûl-i fârisî*, 5ᵉ édition, Istanbul, 1307, pp. 3-4

Thessalie, a laissé aussi un *divan* en persan. Muallim Naci lui-même a traduit du persan les poésies de Ḥāfeẓ [13] et l' *'Obeydiyye* de Zākānī [14], et dans un recueil de traductions intitulé *Mütercem* [15], on trouve des traductions de poésies de Ğāmī, de Ibn al-Fāriḍ (m. 1235), Ibn Yamīn (1286-1368), de Ghazali, de Feyzī-i Hendī (m. 1595), Mīrzā Ṣādeq (m. 1770), Faḫroddīn Rāzī – et du sultan ottoman Selim I (1467-1520) ! [16]. Un contemporain de Muallim Naci, Naim Frashëri (1846-1900), d'origine albanaise et proche des milieux bektachi, composa encore une partie de ses œuvres en persan [17]. Dans son recueil de poésies intitulé *Taḫayyolāt* (« Fantaisies » ; Istanbul, 1301/1884) on trouve même un poème tout à fait moderne en ce qui concerne son contenu, intitulé *Vaṭan* (« La patrie ») [18].

Si une nouvelle génération de poètes ottomans, en particulier le « *Vatan Şairi* » Namık Kemal (1840-1888), était hostile à l'influence persane et au style iranisant (*şîve-i acemâne*) [19], elle ne l'était qu'en théorie. On peut dire qu'il était, à cette époque, de bon ton de tonner contre l'influence persane. Ziya Pacha, par exemple, s'élevait contre cette influence dans *Şiir ve İnşâ* bien que son attachement à la culture persane soit bien connu [20]. N'oublions pas non plus qu'aux yeux des sunnites orthodoxes, l'étude du persan était suspecte. Quand Ziya Pacha se décida d'étudier cette langue, son père le mit en garde en citant le dicton turc : « *Her kim okur fârisî gider dinin yarısı* » (« Quiconque étudie le persan perd la moitié de sa religion ») [21].

---

13. Dans le volume intitulé *Sāniḥāt al-'aǧam*, Istanbul, 1304.
14. Istanbul, 1305.
15. Istanbul, 1304.
16. Le *divan* persan de ce sultan fut imprimé à Istanbul en 1306/1888.
17. Signalons qu'il a aussi laissé des œuvres composées en turc, en albanais et en grec. Il existe une étude par un chercheur iranien, Dr. 'Abdolkarīm Golšanī, *Farhang-e Irān dar qalamrow-e Torkān : aš'ār-e fārsī-ye Na'īm Frāšarī*, Chiraz, 1354/1975 qui ne m'a pas été accessible.
18. Ce poème commence par les vers suivants :
    Ey vaṭan ! hamvāre mā rā delbar-ī,
    mādar-ī vo ḫouharī vo dādar-ī,
    bartarīn-ī az hame sū-ye zamīn,
    behtarīn-ī az hame rū-ye zamīn ; (*Taḫayyolāt*, pp. 45f)
19. Namık Kemal préférait la poésie arabe à la poésie iranienne. Voir Agāh Sırrı Levend, *Türk Dilinde Gelişme ve Sadeleşme Evreleri*, Ankara, 1972, pp. 113-139.
20. Dans sa célèbre anthologie intitulée *Harâbât* (3 vol., 1874), il avait inclu aussi des spécimens de poésie persane.
21. Sur cet aspect, voir aussi Klaus Kreiser, « Persisch als Schulsprache bei den osmanischen Türken : Von der Tanzîmât-Zeit zur frühen Republik », in *Sprach- und Kulturkontakte der türkischen Völker. Materialien der zweiten Deutschen Turkologen-Konferenz Rauischholzhausen, 13.-16. Juli 1990*, J.P. Laut et Klaus Röhrborn, eds., Wiesbaden, 1993, pp. 123-131 ; p. 124.

L'ETUDE DU PERSAN CHEZ LES TURCS OTTOMANS AU XIXe SIECLE

Le persan était pour les Ottomans surtout une langue de culture [22]. Contrairement aux nombreuses autres langues en usage dans l'Empire ottoman, telles que le grec, l'arabe, l'arménien, le kurde etc., il ne s'agissait pas d'une langue autochtone, parlée comme langue maternelle par des sujets de l'Empire. On l'étudiait comme une langue morte, c'est-à-dire à la base des textes classiques, en premier lieu le *Golestān* de Sa'dī (pour l'initiation), ensuite les poésies de Ḥāfeẓ [23] et d'autres auteurs de l'époque classique [24]. Quant au *Maṣnavī* de Mowlānā Ǧalāladdīn-e Rūmī, son étude occupait une place particulièrement importante chez les derviches *mevlevi*s. L'activité littéraire des contemporains, le début de la nouvelle littérature iranienne, qui prit naissance dans la capitale ottomane, passaient plus ou moins inaperçus.

On prononçait d'ailleurs le persan – comme l'arabe - à la turque, une tradition qui continue jusqu'à nos jours [25]. L'utilisation de dictionnaires était une chose courante. Notamment le *Borhān-e qāṭe'* de Ḥoseyn b. Ḥalaf de Tébriz (XVIIe s.) [26], rassemblant les éléments proprement iraniens, formait un instrument de travail indispensable pour un lettré ottoman. Les débutants, par contre, se servaient de dictionnaires rimés, dûs à des auteurs turcs, dont le plus populaire fut le *Tuhfe* du poète Sünbülzade Hüseyin Vehbî (mort en 1809), datant de la fin du XVIIIe siècle [27].

L'enseignement de la grammaire était plus difficile étant donné que la langue classique persane n'avait jamais été, à proprement parler, fixée et codifiée. Mīrzā Ḥabīb-e Eṣfahānī (1835-1893) en est bien conscient lorsqu'il observe dans une grammaire qu'il avait composée à l'usage des turcophones : « J'ai remarqué au cours de mon enseignement que la langue persane était très

---

22. Cela ne veut pas dire que l'on trouve son empreinte uniquement dans les œuvres littéraires. La langue de la chancellerie, notamment les anciens registres de recensement (*tahrir defterleri*), fourmillaient de formules persanes.

23. Notons que ces textes figurent aussi parmi les premiers ouvrages imprimés en Égypte sous Muḥammad 'Alī Pacha.

24. Cet enseignement de la langue fut loin d'être satisfaisant : « Ayant appris par cœur à peine une dizaine de mots persans, on commence à enseigner à un enfant le *Golestān*, et sans en avoir terminé un seul chapitre, on commence à lire le *divan* de Ḥāfeẓ. » (Ahmed Kemal, *Fârisî tekellüm risâlesi*, p. 39).

25. Notons que cette prononciation est en général moins conservatrice que chez les Musulmans de l'Inde, à l'exception de certains emprunts comme *dost, peşin, etc.* où le « vâv » et « yâ » *maġhūl* ont été préservés.

26. Il existe aussi une traduction turque sous le titre *Tibyân-ı nâfi' der terceme-i Burhân-ı kaati'* par « Mütercim » Âsım d'Antep, composée en 1797, qui fut imprimée plusieurs fois à Istanbul (1214 ; 1268 ; 1302) et à Būlāq (Égypte ; 1251).

27. Voilà un spécimen de ce dictionnaire, dont il existe 25 impressions au XIXe siècle, y compris une version arméno-turque :

> *Deryâdan suyun dönmesi çevrindisi* girdâb
> *Ateşde hayvan ki gezer adı* semender
> Âsmân *gökdür*, güneş Hurşîd ü mihr ü âfitâb
> Yıldız ahter, mâh ay, ay aydınlığıdır mehtâb

en faveur auprès des savants et des lettrés de ce pays, mais l'apprentissage correcte de ses règles et de ses principes n'était pas évidente parce que les iranophones, vu qu'il s'agit de leur langue maternelle, n'ont pas entrepris la rédaction de ses règles, et ceux qui ont appris le persan ignoraient ce qui avait été dit au sujet de ses principes et sa grammaire » [28]. En effet, l'arabe avait fait l'objet très tôt, dès l'époque de la grande floraison classique, de traités de grammaire, bien souvent écrits par des Iraniens tandis que le persan n'a pas fait l'objet de traités de ce genre : « Les Iraniens qui ont codifié l'arabe, n'ont pas codifié leur propre langue » [29].

À l'époque des *Tanzimat*, l'étude de la langue persane atteignit pourtant une qualité nouvelle. Le persan, pratiquement exclu du *medrese* (où dominait l'arabe) et enseigné jusqu'alors exclusivement par des professeurs privés ou par les cheïkhs de certaines confréries, allait désormais faire partie du programme des nouveaux établissements scolaires ottomans : dans les écoles dites *rüşdiye*, on enseignait dès le début aussi le persan. Parmi les manuels utilisés à cette époque, l'« Instruction en persan » (*Tâlimü l-fârisî* ; 1ère édition 1848) et le « Traité de conversation persane » (*Fârisî tekellüm risâlesi*, 1ère édition 1846) de l'éminent iranisant Ahmed Kemal Pacha (1808-1888), diplomate et Ministre de l'Instruction publique [30], jouissaient d'une popularité particulière. Les méthodes et les grammaires persanes se multiplient à partir de la deuxième moitié du XIXe siècle. Elles atteindront le chiffre d'une centaine jusqu'en 1928 [31]. Mais leur valeur était très inégale. Muallim Naci fit l'observation pertinente : « ... ce qu'on dit couramment, que le persan est facile, que l'on l'apprend dans six mois, c'est plutôt une exagération. Car on voit de leurs œuvres que ceux qui composent des grammaires persanes ne savent pas la langue comme il faut » [32].

D'ailleurs, ce sont des Iraniens résidents ou même naturalisés dans l'Empire ottoman qui ont fourni les ouvrages les plus importants. Ḥabīb-e Esfahānī [33] (« Habib Efendi »), qui fut pendant douze ans professeur de persan et d'arabe au prestigieux lycée de Galatasaray, et de persan et de français au collège du *Darüşşafaka* a laissé de nombreux ouvrages didactiques où il essaie

---

28. *Kitāb-e dastūr-e soḫan*, Istanbul, 1289, p. 3. La composition de cet ouvrage fut inspirée par l'ambassadeur d'Iran, Ḥasan ʿAlī Ḫān.
29. G. Lazard, dans *L'Adaptation* ...(voir n° 1), p. 59.
30. Kemal Pacha a aussi publié une « Sélection du Livre des Rois » (*Müntahabat-ı Şehnâme*, Istanbul, 1281) Voir sur Kemal Pacha, İbnülkemal Mahmut İnal, *Son Asır Türk Şairleri*, 3e éd., vol. 2, Istanbul, 1988, pp. 811-818.
31. Voir *Türkiye'de basılmış Farsça eserler, çeviriler ve Iran'la ilgili yayınlar bibliyografyası*, Ankara, 1971, pp. 33-42.
32. Voir *Ilaveli Usul-i fârisî* (voir n° 12), p. 4.
33. Voir sur Ḥabīb-e Esfahānī et son activité littéraire, Christophe Balaÿ et Michel Cuypers, *Aux sources de la nouvelle persane*, Paris, 1983, pp. 40-43. Pour la documentation en langue turque sur « Habib Efendi », voir İbnülkemal Mahmut İnal. *Son Hattatlar*, Istanbul, 1955, p. 11 ; p. 829 ; id., *Son Asır Türk Şairleri*, 3e édition, Istanbul, 1988, 4 vol., I, pp. 463-465 ; *Türk Ansiklopedisi*, vol. 18, p. 262 ; voir aussi la nécrologie parue dans le *Nevsâl-i Servet-i fünun 1310*, Istanbul, 1311, pp. 83-85.

de nouvelles méthodes et s'efforce de donner une nouvelle impulsion à l'étude de la langue persane [34]. Son homologue, l'azerbaïdjanais Ahmed Feyzî (« Muallim Feyzî » ; (1842-1910), qui enseignait à l'école iranienne d'Istanbul (fondée en 1884), et pendant trente-trois ans au lycée de Galatasaray, était considéré par certains comme le maître incontestable des professeurs de persan [35]. Sa « Méthode de persan » (*Usul-i fârisî*), souvent rééditée, lui valut l'éloge d'éminents hommes de lettres ottomans, dont Muallim Naci [36].

L'INFLUENCE PERSANE SUR LE TURC-OTTOMAN

En ce qui concerne les échanges linguistiques, il convient de montrer d'abord les traits caractéristiques de l'influence persane dans le turc-ottoman. Celle-ci était toujours visible, à tous les registres et niveaux, et dans tous les domaines, à l'époque des *Tanzimat* [37].

Le cas du persan et du turc-ottoman montre la situation paradoxale de deux langues qui appartiennent à deux familles différentes (altaïque et indo-européenne respectivement), mais qui ont en commun un énorme stock de vocabulaire. Curieusement, ce stock est en grande partie sémitique puisque le vocabulaire religieux, scientifique et philosophique en turc-ottoman a été, et en persan continue d'être d'origine arabe. En principe, tout l'arabe avait le droit d'entrer dans le persan classique aussi bien que dans l'ottoman littéraire. À ce stock commun s'ajoutent les éléments persans en turc, et les éléments turcs en persan.

Les savants ottomans considéraient leur langue comme composée de trois langues (*elsine-i selâse*), c'est-à-dire l'arabe, le persan et le turc dont une connaissance était nécessaire pour maîtriser le turc-ottoman. Ceci est exprimé

---

34. Oeuvres didactiques : *Ketāb-e dastūr-e soḫan*, 1289 ; *Dastūrce*, 1293 (souvent réédité) ; *Barg-e sabz* (grammaire et méthode de persan), Ist., 1304 ; *Dabestān-e fârsî*, 1308 ; *Rehnüma-yı fârisî*, Ist., 1309 ; *Hulâsa-i Rehnüma-yı fârisî*, Ist., 1309 (souvent réédité) ; *Rahbar-e fârisi*, 1310 (souvent réédité), etc.

35. Voir sur Ahmed Feyzî, que semblent ignorer les biographes iraniens, İnal, *Son asır Türk Şairleri*, t. I, pp. 419-421. Parmi ses œuvres didactiques figurent : *Tâlīm-i suhan* , Istanbul, 1292 ; *Usûl-i fârisî*, 1299 (souvent réédité, aussi sous le titre *Ilâveli, Yeni usûl-i fârisî*) ; *Muhtasar usûl-i fârisî*, 1307 ; *Zebân-ı Fârisî*, 1321 (souvent réédité) ; *Kand-i Pârisî*, 1310.

36. Voir n° 12.

37. À ma connaissance, il n'existe toujours pas une étude historique sur l'influence linguistique persane en turc ottoman. L'article de Lucien Bouvat, « Les emprunts arabes et persans en turc osmanli », *Keleti Szemle* 4 (1903), pp. 316-334, traite surtout la phonétique. L'étude de Maximilian Bittner, « Der Einfluss des Arabischen und Persischen auf das Türkische », *Sitzungsberichte der K. Akademie der Wissenschaften in Wien*, phil.-hist. Klasse, t. 142, nr. 3 (1900), garde toujours une certaine valeur. Pour les mots d'origine iranienne on peut consulter maintenant Stanislaw Stachowski, *Osmanlı Türkçesinde Yeni Farsça Alıntılar Sözlüğü – Wörterbuch der neupersischen Lehnwörter im Osmanisch-Türkischen*, Istanbul, 1998.

très clairement dans les *Kavaid-i osmaniyye* de Cevdet et Fuad [38]. Un grammairien iranien comme Mīrzā Ḥabīb-e Eṣfahānī, par contre, ne parle au sujet du persan que d'une langue composée de « deux langues » [39], c'est-à-dire du persan et de l'arabe. Il n'évoque pas d'autres langues car les éléments turcs en persan, aussi nombreux qu'ils soient [40], sont peu importants par rapport aux mots arabes.

Mais en réalité, les choses sont plus complexes si l'on les considère dans une perspective historique. Une bonne partie des éléments dits « arabes » en turc-ottoman, y est entrée par l'intermédiaire du persan. Aussi l'usage qu'en faisaient les Turcs-Ottomans reflète-t-il celui des Iraniens. Ceci devient évident si l'on compare avec l'arabe littéral moderne, dont la terminologie commence de plus en plus à se dissocier du turc-ottoman à partir de la deuxième moitié du XIXe siècle [41]. Même des pseudo-arabismes, c'est-à-dire des mots à base iranienne formés selon les règles de la dérivation arabe, comme *nazākat* (dérivé de l'adjectif persan *nāzok* ; en turc *nazik*) « délicatesse, politesse », ont été adoptés par les Turcs (*nezaket*). Mais aussi des mots turcs ont été « arabisés » en ajoutant des suffixes arabes (p.ex. *çiftlikât, gelirat*, etc.) [42], de la même manière que les Iraniens avaient « arabisé » des mots persans [43].

Le turc-ottoman employait des noms d'action (*maṣdar*), des participes arabes etc. presque exactement comme en persan. Les verbes dits « périphrastiques », en général un *maṣdar* arabe, combiné avec le verbe « faire » (*etmek, eylemek* en turc, *kardan, namūdan* en persan) avaient fini par remplacer, sutout dans la langue écrite, un grand nombre de verbes d'origine turque. L'engouement pour le hendiadys (*atf-ı tefsîr*) continue dans la langue littéraire de l'époque des *Tanzimat*, de même l'usage excessif de l'*izafet* persane (ce dernier peut-être aussi sous l'influence du français) [44]. Dans la phraséologie, un grand nombre de termes de politesse, modes d'adresse, etc.,

---

38. « ...*gerek elfâz ve lügaatı ve gerek kavaidi cihetiyle ü/ lisandan yâni arabî ve fârisî ve türkîden mürekkeb...* » (*Kavaid-i osmaniyye*, p. 3). Ce n'est qu'à la fin du siècle qu'une nouvelle génération de linguistes ottomans (notamment Şemseddin Sami) s'est opposée d'une manière véhémente à cette idée.

39. « *zabān...ke murakkab az do zabānast....* » (*Ketāb-e dastūr-e soḫan*, p. 4).

40. Voir le répertoire qu'en a fait Gerhard Doerfer dans son monumental ouvrage *Türkische und mongolische Elemente im Neupersischen*, 4 vol., Wiesbaden, 1963-1975. Sur les termes d'un usage courant dans la langue moderne, *cf.* Vincent Monteil, *Le Persan contemporain*, Paris, 1955, p. 43.

41. Nous avons utilisé pour des comparaisons un dictionnaire bilingue de l'époque, le *Dictionnaire français-arabe des termes judiciaires, administratifs et commerciaux* par Ibrahim Gad, 2 vol., Alexandrie, 1892.

42. *Cf.* les observations de l'écrivain ottoman Ahmed Midhat Efendi (1844-1912) dans un article sur la réforme de la langue ottomane (1871), dans Levend, *Türk Dilinde...*, p. 125.

43. Ce phénomène n'avait pas échappé à Kemal Pacha qui pose la question dans son manuel de conversation (*Fârisî tekellüm risalesi*, Istanbul, 1265, p. 32) : « Pourquoi forme-t-on selon les règles de la grammaire arabe un pluriel *neveštegât* [« écrits »] du mot *nevešte* qui est pourtant d'origine persane ? ».

44. Un terme comme *ulûm-i siyasiyye* « sciences politiques », par exemple, reproduit aussi parfaitement son modèle français du point de vue syntaxique,.

étaient identiques à ceux du persan ou calqués sur le persan [45]. Encore de nos jours, on emploie en turc l'euphémisme *hayır* (< arabe خير « bien » comme en persan) pour dire « non », tandis qu'au XIXe siècle, le persan *beli*, « oui », était considéré comme plus poli que le turc *evet* [46].

Dans le vocabulaire du turc-ottoman, tout le lexique du persan était, en principe, intégré. Un grand nombre de ces mots étaient pourtant d'un usage restreint, propre à un style très recherché. Dans la poésie notamment abondent les termes persans. Ceux-ci formaient une sorte de « lexique poétique » qui excluait plus ou moins des mots turcs comme *güneş* (« soleil »), *ay* (« lune »), *yıldız* (« étoile »), *yüz* (« visage ») au profit des termes persans *hurşid, mihr, âftâb, sipihr, mâh, sitâre, ahter, çeşm, dide*, etc. Tout ce qui avait rapport aux idées du « beau » et du « joli » (nuances que le turc, qui ne disposait que de l'adjectif *güzel*, avait d'ailleurs du mal à distinguer) s'exprimait, dans le style élevé, de préférence par des mots d'origine persane. Donnons, à titre d'exemple, la traduction ottomane d'un extrait des *Lettres persanes* de Montesquieu, proposée par le lettré Said Bey dans ses « Erreurs de traduction »[47]. On notera dans cette traduction, qui fourmille de mots persans, les éléments morphologiques (le suffixe du comparatif -*ter*: *hasnâ-ter*, les noms abstraits avec le suffixe –*gî*: *dildâdegî, azadegî*; les adjectifs composés [*vasf-ı terkibî*] : *dil-ber, hatır-küşâ, ferah-fezâ, lezzet-bahşâ*) et stylistiques (le hendiadys [*atf-ı tefsir*]: *şirin ü dilber, hicab u şerm*; la prose rimée [*secî*] : *hasnâter – dilber, dildâdegî – azâdegî, nerm -şerm* etc.).

| « Les femmes de Perse sont plus belles que celles de France, mais celles de France sont plus jolies. Il est difficile de ne point aimer les premières, et de ne se point plaire avec les secondes: les unes sont plus tendres et plus modestes, les autres sont plus gaies et plus enjouées. » | *Nisvân-ı İran Fransa nisvanından hasnâter velâkin Fransa nisvanı anlardan ziyade şirin ü dilber olub nisvân-ı İran'a külliyyen adem-i dildâdegî ve Fransa nisvanının firifte-yi işvesi olmakdan kâmilen azâdegî müşkildir. İran nisvânı ten-i nerm ve hicab u şerm cihetiyle Fransız nisvânına faika ve Fransız nisvânı dahi hatırküşâ ve ferahfezâlıkda ziyade lezzetbahşâ-yı zâikadırlar.* |

---

45. Leur usage n'excluait pas des malentendus ou des incorrections comme dans la formule *sefa geldiniz* (< *gelmek* - « venir », au lieu de *sefa getirdiniz* ; pers. *ṣafā āvardīd* « vous avez apporté le bonheur ») ou dans l'expression polie *hâkipayınız* pour « vous » (litt. « la poussière de vos pieds »). Voir les observations de Şemseddin Sami dans son *Dictionnaire turc-français*, Istanbul, 1885, p. 452.

46. Il serait cependant injuste de passer sous silence les différences dans l'usage et dans l'étiquette. Kemal Pacha, dans son *Fârisî tekellüm risâlesi* (voir n° 43) avertit ses lecteurs à plusieurs reprises. C'est ainsi qu'une formule courante comme « *moḥabbat-e šomā kam našavad* » nécessitait, aux yeux de l'auteur le commentaire suivant : « on l'emploie au lieu de « *Lutfünüz ve devletiniz dâim olsun* ». Autres exemples : « De la même manière que l'on s'enquiert en Anatolie du *keyf*, du *mizac* et du *tab'*, on s'enquiert en Iran des *aḥvāl* » ; « Au lieu de *bendeniz* [« Votre esclave »], il suffit de dire *bande* [« esclave »] ; « En Iran, on dit au lieu de *maḫdūm* [« fils »] *maḫdūmzāde* ».

47. Said, *Galatât-ı terceme*, defter 16, Istanbul, 1315, pp. 476-477.

Mais même dans le vocabulaire de la langue parlée, des mots persans avaient supplanté les termes originaux turcs, comme *ateş* « feu » pour le turc *od* [48], de la même manière que certains mots d'origine arabe avaient remplacé des mots iraniens en persan. Dans la langue parlée, les mots empruntés au persan avaient subi souvent des changements considérables, phonétiques (p.ex. *merdiven* « escalier » < pers. *nardūbān*) aussi bien que sémantiques (p. ex. *ruzgâr* « temps, fortune » qui a pris le sens de « vent » dans le turc d'Istanbul; le terme turc est *yel*). Ce sont les éléments qui font parti des *galatat-ı meşhure* « erreurs connues », que certains lettrés essayaient en vain de corriger [49]. L'exemple le plus curieux est peut-être le persan *sar-bāz* « soldat » (litt. « qui joue sa tête ») qui est devenu en turc-ottoman un adjectif, *serbest*, au sens de « libre » [50]. Le mot est entré dans la langue usuelle et même littéraire par confusion avec le persan *sar-bast(e)* qui a un tout autre sens [51]. On en a même formé un dérivé à la persane, *serbestî* « liberté », dont la vogue commence au XVIIIe siècle [52].

Dans la terminologie administrative persane et turque-ottomane, les analogies vont du terme désignant le simple fonctionnaire, *memur* (مامور ; pers. *ma'mūr*), jusqu'à celui du grand-vizir, *ṣadr-e aẓ'am* (صدراعظم). Aux « Provinces gardées de la Perse » (*Mamālik-e maḥrūse-ye Irān* [53]) de la terminologie officielle en Iran correspondaient les *Memalik-i mahruse* ottomans. L'usage de *mamlakat/memleket* pour « pays » (en arabe : « royaume ») est du reste propre au persan et au turc [54].

Dans quelle mesure ce fonds lexical persan était-il encore productif à l'époque des *Tanzimat*? Il ne manque pas d'exemples qui prouvent qu'en effet, le persan fournissait même des éléments pour une terminologie moderne : lorsqu'on décida de créer une « Académie ottomane » en 1851, on choisit le terme purement iranien *Encümen-i Dâniş* (« Société du Savoir »), qui devint par la suite un terme technique, utilisé aussi pour les institutions identiques dans d'autres pays (p. ex. « *Fransa Encümen-i Dânişi* ») [55]. Des suffixes d'origine

---

48. *Cf.* Cevdet Pacha, *Belâgat-i osmaniyye*, 4e édition, Istanbul, 1310, p. 13.
49. Sur le *galatat-ı meşhure* voir Karl Foy, « Der Purismus bei den Osmanen », *Mittheilungen des Seminars für orientalische Sprachen – Westasiatische Studien* II/1 (1898), pp. 20-55.
50. Dans les textes anciens en *karamanlı* (turc en caractères grecs), on trouve encore les formes *serbez, selbez, selbes, selbest* et la forme barbare *selbesiyat* pour le dérivé « liberté » ; voir J. Deny, « Persan *lävänd* dans l'usage osmanlı », *Akten des Vierundzwanzigsten Internationalen Orientalisten-Kongresses München 28. August bis 4. September 1957*, édités par H. Franke, Wiesbaden, 1959, pp. 408-410 ; 408f.
51. Pers. *sar-baste* « couvert, caché ».
52. Voir sur l'usage de ce terme Lewis, *The Political Language...*, 109-111, qui semble cependant ignorer sa vraie origine.
53. *Cf.* Guity Nashat, *The Origins of Modern Reform in Iran, 1870-80*, Urbana etc., 1982, p. 9.
54. En arabe, *mamlaka* est utilisé seulement au sens de « royaume ».
55. Ce terme nouveau a été repris et discuté dans les rubriques du journal *Aḫtar* en 1889-1890 (« *Maqāle-ye lozūm-e taškil-e anğoman-e dāneš va manāfe'-e ān* ») ; voir Anja Pistor-Hatam, *Nachrichtenblatt, Informationsbörse und Diskussionsforum : Aḫtar-e Estānbūl (1876-1896) –*

persane jouissaient d'une grande popularité. Le suffixe ṣân a été couramment utilisé pour former des pluriels comme *meb'usân* « députés » ; *zabitân* « officiers » [56] ; *hissedarân* « actionnaires » [57] ou *sermayedârâ* « capitalistes ». Le participe d'origine persane *–perver* [58] se trouve dans des termes comme *vatanperver* « patriote », *hürriyetperver* « libertaire », *milliyetperver* « nationaliste » ; le préfixe *hem*- servit à créer des termes comme *hemcins* « connational » (litt. « du même genre, de la même race »); *hemmezheb* « coréligionnaire », ou *hemmânâ* « synonyme »; le persan *ḫâne* « maison » s'était transformé en suffixe [59], indispensable pour former des termes nouveaux comme *hastahane* (*vide supra*) ou *postahane* « bureau de poste » [60]. Ces créations ont eu lieu pour la plupart indépendamment du persan.

L'exemple suivant montre particulièrement bien combien le persan était encore vivant chez les lettrés ottomans à cette époque, mais aussi la liberté avec laquelle ils disposaient de ses ressources. Lors d'une discussion, on avait demandé au célèbre écrivain Ahmed Midhat Efendi (1844-1912) quelle serait, à son avis, une traduction appropriée du mot français « rétrograde », *pes-nazar*, ou *püşt-niger*, sur quoi il répondit : « D'abord, la deuxième partie de ce mot est « -grade » et non pas « regarde ». Par conséquent, il ne peut être traduit par -*niger* [61]. Puisque « gradi » signifie en latin « marcher », la traduction doit être -*rev* [62]. Quant à « rétro », nous ne pouvons le traduire par *püşt*, qui signifie « dos ». On ne peut pas non plus le traduire par *pes*, qui a le sens de « fin » ou « après ». Suivant l'expression du poète « *Ahû zi tü âmuht vâpes nigeriden* » – « C'est de toi que la gazelle a appris de regarder en arrière » nous pourrions dire

---

Anstöße zur frühen persisichen Moderne, Münster etc., 1999, pp. 258-276. Signalons que le persan moderne a créé le terme *Farhangestân*.

56. Terme qui était inconnu chez les Iraniens au sens d'« officiers » ; pers. *zâbeṭ* (pl. *zobbâṭ*) « administrateur d'une ville » ; sur ces différences d'usage dans les deux langues voir « Notizen zum Neupersischen aus einem Schreiben des Generals Houtum-Schindler in Teheran an Dr. Karl Foy », *Mittheilungen des Seminars für orientalische Sprachen - Westasiatische Studien* II/2 (1898), pp. 137-142.

57. En persan à l'époque : *ṣâḥebân-e ashâm*, *ibid.*, p. 138.

58. Comme suffixe, le persan utilise la forme *–parast*.

59. *Cf.* Riyâhî/Kanar, p. 249. Sur les suffixes persans productifs en turc-ottoman, voir Andreas Tietze, « Persische Ableitungssuffixe im Azerosmanischen », *Wiener Zeitschrift für die Kunde des Morgenlandes* 59/60 (1963-1964), pp. 154-200.

60. D'après Houtum-Schindler (voir n° 56), les Iraniens employaient la forme *postḫâne* depuis 1876, date de l'établissement des premier bureaux de poste dans le pays, tandis qu'ils avaient utilisé avant les formes *pûst* (< français *poste*) et *poste*. Chez Farhîd Mirza (voir n° 68), on trouve les formes *poste* et *posteḫâne*, qui correspondent à l'ottoman *posta* et *postahane*. Dans d'autres cas, on peut constater une évolution analogue dans les deux langues : le terme *mûzeḫâne*, par example, que l'on rencontre depuis 1874 en persan, et qui date du premier voyage en Europe du Chah, est finalement remplacé par *mûze* (< français « musée »), de la même manière que *mûze* se substitue à *mûzehane* dans l'usage turc-ottoman.

61. < pers. *negarîstan* « regarder, examiner »

62. < pers. *raftan* « aller, partir »

vâpes-rev. Mais je pense que les traducteurs préféreront ici le mot *bâz*[63] et apprécieront une traduction par *bâz-rev* »[64].

Inutile d'ajouter qu'un tel terme n'a jamais existé en persan[65].

LA POSITION ET L'IMPACT DU TURC-OTTOMAN SUR LE PERSAN A L'EPOQUE DES *TANZIMAT*

Quant au statut du turc chez les Iraniens, la situation était tout à fait différente. En Iran, le turc est une langue autochtone, toujours parlée par une partie considérable de la population, notamment en Azerbaïdjan. C'était aussi la langue parlée à la cour des Qāğārs. Mais elle ne jouissait pas du statut d'une langue de culture comme l'arabe.

Le turc-ottoman allait pourtant susciter un intérêt d'un caractère nouveau à l'époque des *Tanzimat* où les rapports politiques et commerciaux entre les deux nations se sont intensifiés. En effet, les Iraniens ont suivi de très près les réformes dans l'Empire ottoman. De nombreux commerçants et diplomates se sont alors installés dans la capitale ottomane et dans les provinces[66]. Aussi, cette communauté a-t-elle été extrêmemement active au niveau culturel. À côté des imprimeurs iraniens, c'est surtout la presse en langue persane qu'il faut évoquer ici. Dans le cadre de la transmission du savoir, le journal persan *Aḫtar*, publié pendant 20 ans dans la capitale ottomane, a joué un rôle pionnier[67].

L'intérêt pour le turc se reflète aussi dans les traductions de cette langue, qui n'ont guère été étudiées jusqu'à présent. Quand Farhād Mīrzā « Mo'tamad od-dowle », qui visitait la Turquie à l'époque du sultan Abdülaziz (1861-1876), apprit qu'un des ses interlocuteurs ottomans avait traduit Hérodote en turc, il lui enjoignit beaucoup de faire imprimer son ouvrage. Car « si ce manuscrit est imprimé, c'est une chronique très utile décrivant très bien les affaires des souverains d'Iran. *C'est facile de le traduire du turc en persan* »[68]. Il existait

---

63. pers. « encore, de nouveau »

64. *Tercüme nümuneleri*, Istanbul, 1318, pp. 41-42.

65. Même en turc-ottoman, ce mot ne semble jamais avoir été utilisé. Le *Dictionnaire français-turc des termes techniques des sciences, des lettres et des arts* par Ant. B. Tinghir et K. Sinapian (2 vol., Istanbul, 1891-1892) donne comme équivalent de « rétrograde » (math.) « rücuî ». Au sens figuré, pour « idées rétrogrades », les auteurs proposent « *efkâr-ı atika veyâ rücuiyye* » (vol. II, p. 374).

66. Sur la présence diplomatique, voir Johann Strauss, « La présence diplomatique iranienne à Istanbul et dans les provinces de l'Empire ottoman », in : Thierry Zarcone et F. Zarinebaf-Shahr, éds., *Les Iraniens d'Istanbul*, Istanbul-Téhéran, IFEA-IFRI, 1993, pp. 11-32.

67. Voir sur ce journal Anja Pistor-Hatam, *Nachrichtenblatt...* (voir n° 55). La Bibliothèque Nationale d'Iran vient d'en réimprimer les premiers volumes.

68. *Safarnâme-ye Farhād Mīrzā Moḥtamado d-dowle*, édité par Esmā'īl Navvāb Safā, vol. 2, 2ᵉ édition, Téhéran, 1366, p. 309. Notons aussi certaines coïncidences dans le choix des textes traduits. C'est ainsi qu'une version persane des *Aventures de Télémaque* de Fénelon, dont les versions turques jouissaient d'une popularité extraordinaire, est parue entre juillet 1879 et octobre 1880 en feuilleton dans *Aḫtar*. Le traducteur était Mīrzā Moḥsen Ḫān. La version (ou plutôt

une certaine prédilection pour les ouvrages historiques. Citons quelques exemples : le premier volume des *Hakaiku l-kelâm fî târihi l-islâm* de l'érudit Abdullatif Subhî Pacha (1818-1886), une histoire du monde musulman pendant les premiers siècles, publiée en 1880, a été traduite la même année en persan [69]. Les biographies de « Femmes célèbres » (*Meşahîrü n-nisâ*) de Mehmed Zihnî (1846-1913), professeur d'arabe à l'École Impériale civile (*Mekteb-i Mülkiyye*) parurent dans une version persane augmentée par Moḥammad Ḥasan Khan « E'temâd os-salṭane » à Téhéran en 1888-1890 [70]. Les cas les plus intéressants, – qui confirment en quelque sorte Farhād Mīrzā –, sont les versions persanes d'ouvrages turcs traduits eux-mêmes d'une langue occidentale. Celles-ci sont restées pour la plupart en manuscrit, telles que l'« Histoire de Crète » (*Girid Târihi* ; 1871) de Hüseyn Kâmi de la Canée [71] ou l'« Histoire de la découverte et de la conquête de l'Amérique » (*Târih-i keşf ve feth-i Amerika* ; 2 vol., 1893-1894) d'André E. Kopassis (1856-1912) [72].

On ne s'étonnera pas de voir que dans ces conditions, la langue persane, notamment son lexique, a subi une forte influence du turc-ottoman. C'est donc le mouvement inverse qui eut lieu au XIXe siècle : cette fois-ci, c'est le persan qui devient une langue emprunteuse. Ce sont les Iraniens qui adoptent alors un grand nombre de termes techniques turc-ottomans, notamment ceux d'origine arabe que les Turcs-ottomans venaient de créer à la suite des *Tanzimat*. Ces emprunts concernent en premier lieu un domaine bien précis: à en croire un spécialiste comme Hamid Algar « *virtually the whole political vocabulary of Persian in the period may be said to have been derived from Ottoman Turkish* » [73].

En effet, de nombreux termes politiques (dont le terme « *Tanzimat* » (تنظیمات) lui-même) ont été adoptés par des intellectuels iraniens de l'époque. Mais les débuts de cette influence remontent à une époque bien plus ancienne. 'Abbās Mīrzā, inspiré par les réformes du Sultan Selim III (1789-1808), avait déjà utilisé – de la même manière que Muḥammad 'Alī en Égypte – le terme *Neẓām-e ğadīd* (نظام‌جدید) pour désigner la réforme militaire des années 1820. Par la suite, nous tombons sur des institutions comme l'École polytechnique, le

---

adaptation) persane du *Misanthrope* de Molière par Mīrzā Ḥabīb-e Eṣfahānī (*Tarğome-ye Mīzānṭrüp -Goẕāreš-e mardom-gorīz*, Istanbul, 1286), fut sans doute inspirée par celle de son protecteur, Ahmed Vefik Pacha (1823-1891).

69. Traduit sous le titre de *Tārīḫ-i badāye' dar tarğama-i Haqā'iqo l-kalām fī tārīḫe l-eslām*, 1298/1880.

70. *Ḥayrāt-i ḥisān*, 2 vol., [Téhéran], 1305-1306 (réimpression 1311-1312). Voir sur cet ouvrage Ahmet Turan Arslan, *Son devir Osmanlı âlimlerinden Mehmed Zihni Efendi : Hayatı, şahsiyeti, eserleri*, Istanbul, 1999, pp. 141-143.

71. Voir Ch. A. Storey, *Persidskaya Literatura. Bio-bibliograficeskii obzor*, traduit et revisé par Yu. E. Bregel', vol. 2, Moscou, 1972, pp. 1301-1302.

72. Voir Storey/Pregel', vol. 3, p. 1518 (L'auteur n'y est pas identifié).

73. Hamid Algar, *Mīrzā Malkum Khān. A Study in the History of Iranian Modernism*, Berkeley etc., 1973, p. 27.

Dār ol-fonūn (دارالفنون) ouvert en 1851 sous Amīr Kabīr, qui dériverait son nom (et son programme) du *Darülfünun* ouvert à Istanbul en 1845 [74].

Parmi les nombreux intellectuels iraniens, dont les écrits reflètent l'impact de l'ère des réformes dans l'Empire ottoman, c'est surtout Mīrzā Malkum Khan (1833-1908) qui est évoqué dans ce contexte. Comme d'autres éminents hommes de lettres iraniens de l'époque, Mīrzā Malkum Khan a fait un long séjour dans la capitale ottomane. La familiarité de cet individu polyglotte avec le turc-ottoman est hors de doute. Proche des milieux érudits, il est même intervenu dans le débat pour une réforme de l'alphabet [75]. Parmi ses œuvres, le *Daftar-e Tanẓīmāt* (« Le livre des réformes »), composé en 1859 [76], est particulièrement intéressant dans notre contexte.

Ce texte très original représente une sorte de projet d'une constitution pour l'Iran avec un grand nombre de notions nouvelles pour cette époque. On y trouve le mot *tanẓīmāt* au sens analogue de « réforme gouvernementale » et « réorganisation ». L'auteur propose aussi un *Maǧles-e Tanẓīmāt*, composé du chah, de trois princes, quinze conseillers (*mošīr*) [77] et huit ministres (*vazīr*) [78] qui rappelle l'institution ottomane du même nom (*Meclis-i âli-i Tanzimat*), fondée en 1854 [79]. L'usage du terme *Tanẓīmāt* chez Mīrzā Malkum Khan est pourtant particulier dans la mesure où il l'emploie comme un terme technique – il en parle même des « nouvelles organisations de la France » à la suite de la Révolution (*tanẓīmāt-e ǧadīde-e Ferānse*) [80] – tandis que chez les Ottomans, le terme allait devenir une sorte de terme historique. Ce sont les réformes « qui ont été accordées par le Sultan Abdul-Médjid par le hatti-chérif, qu'on distingue sous le titre de *Tanzimat-ı hayriyye* » (Şemseddin Sami).

Malgré cette influence ottomane très nette et les similitudes assez nombreuses, l'étude du *Daftar-e Tanẓīmāt* permet aussi de voir les différences. Celles-ci remontent souvent à un usage ancien des termes arabes, propre aux Iraniens, que les nouveaux termes créés par les Turcs ottomans à l'époque des réformes n'ont pu modifier. C'est ainsi que les Iraniens ont adopté le terme *vazīr* وزیر « vizir » comme équivalent de « ministre (d'État) »[81] tandis que les

---

74. Nashat, *The Origins...*, p. 20.
75. Voir Levend, *Türk Dilinde Gelişme...*(voir n° 8), pp. 156-157.
76. *Cf.* le *Ketābce-ye ġeybī yā Daftar-e Tanẓīmāt*, ici cité d'après le texte dans *Maǧmū'e-ye āṣār-e Mīrzā Malkom Ḫān*, édité par Moḥammad Moḥīṭ Ṭabāṭabā'ī, Téhéran, 1327 H., pp. 1-53. Pour une analyse de ce traité, voir Algar, *op.cit.*, pp. 27-33.
77. « Faux-ami » ; en Ottoman, le terme désigne un grade militaire : « maréchal » ou un dignitaire civil ayant un grade équivalent.
78. *Maǧmū'e-ye āṣār*, p. 27.
79. Sur ses fonctions, voir Mehmet Zeki, Pakalın, *Osmanlı Tarih Deyimleri ve terimleri sözlüğü*, vol. 2, Istanbul, 1983, p. 429.
80. *Maǧmū'e-ye āṣār*, p. 49.
81. De la même manière : pers. *vezārat* (*ḫāne*) (« ministère ») vs. ott. *nezaret*.

Ottomans avaient attribué ce sens à *naẓır* (ناظر) [82], le terme *ministro* (< it.; devenu obsolète par la suite) étant réservé aux ministres occidentaux.

Quelques exemples tirés du *Daftar-e Tanẓīmāt* de Mirza Malkum Khan peuvent nous servir d'exemple :

Dafter-e Tanẓīmāt	Terminologie Ottomane
vezārat-e ʻadālat	*Adliyye Nezareti* (« Ministère de la Justice »)
vezārat-e omūr-e ḫāreğe	*Nezaret-i ümur-i hariciyye* (« ..affaires étrangères)
vezārat-e omūr-e ḏaḫele	*Nezaret-i ümur-i dahiliyye* (« ...de l'Intérieur »)
vezārat-e ğang	*Harbiyye nezareti* (« ...de la Guerre »)
vezārat-e ʻolūm	*Maarif Nezareti* (« ...Instruction publique »)
vezārat-e māliyyāt	*Nezaret-i Maliyye* (« ...des Finances »)

En ce qui concerne les subdivisions administratives, créées par les Ottomans selon le modèle français en 1864, on constate dans la nomenclature ottomane et celle proposée dans le *Daftar-e Tanẓīmāt* le même genre de ressemblances et de divergences [83].

Persan	Turc-ottoman	français	(chef:) persan	turc-ottoman
velāya	*vilâyet*	« département »	*vālī*	*vâli*
eyālat [84]	*sancak*	« arrondissement »	*nāyeb* [86]	*mutasarrıf*
nāḥiye	*kaza*	« canton »	*qāyemmaqām*	*kaimmakam*
bolūk [85]	*nahiye*	« commune »	*mošref* [87]	*müdir*

Mais malgré les divergences certaines, que l'on peut observer ici, un grand nombre de termes, dont des mots-clés de l'époque des réformes, sont communs aux deux langues.

Il est vrai que ceux-ci sont presque exclusivement d'origine arabe. Mais il faut souligner le fait qu'il ne s'agit pas d'emprunts à l'arabe classique (où ces notions étaient, bien-entendu, inconnues), mais de l'attribution d'un sens nouveau à un mot arabe déjà existant (en turc ou en persan) ou bien de la création d'un terme nouveau d'une racine arabe [88]. Pour des raisons de

---

82. Le terme du turc moderne *bakan* (litt. « celui qui regarde ») n'est qu'une traduction littérale de ce terme. Avant les *Tanzimat*, le terme *naẓır* était utilisé pour désigner l'administrateur d'une fondation pieuse.

83. *Cf. Mağmūʻe-ye āṣār*, pp. 35-36.

84. Dans l'Empire ottoman, le terme ancien d'*eyâlet* fut remplacé par *vilâyet* à la suite des réformes.

85. Terme d'origine turque (*bölük* « compagnie, groupe ») ; voir Doerfer, *Türkische und mongolische Elemente...*, vol. 3, pp. 323-325.

86. En turc-ottoman, ce terme désigne surtout le substitut d'un juge musulman (*kadı*).

87. Inconnu comme nom de dignitaire en turc ottoman.

88. Si le même usage se trouve en arabe à la même époque, il s'agit souvent d'un emprunt au turc-ottoman. (Il paraît que cette influence, qui reste à être étudiée, a été considérable). Il est en tout cas inexact de dire, comme les auteurs du *Dictionnaire français-turc des termes techniques* (voir n° 65), en parlant « des mots nouveaux » que « pour exprimer des idées et des choses nouvelles, nos savants et nos publicistes ont dû créer »... « le plus souvent, ils n'ont eu qu'à faire *revivre les termes oubliés* que leur offre à foison la langue arabe » (vol. I, p. VII).

chronologie, il est impossible que ces néologismes soient entrés par l'intermédiaire du persan en turc-ottoman. Mais il se peut toujours que certains aient été adoptés indépendamment dans les deux langues. Reste le problème de l'usage, certainement beaucoup plus difficile à saisir que l'origine étymologique. Donnons-en un exemple: pour « journal », trois termes existaient dans le turc-ottoman, mais l'usage différait sensiblement : *gazete* étant le terme le plus courant, *ceride* (<arabe *ğarīda* ; terme adopté par l'arabe littéral moderne) appartenait à l'usage littéraire tandis que le persan *rūznâme* [89] avait plutôt le sens de « supplément (d'un périodique) » [90]. Dans la feuille stambouliote *Aḫtar*, on rencontre cependant souvent le terme *gāzet* (كارت <français *gazette*) dont l'usage semble être influencé par le turc-ottoman [91].

Parmi les principaux termes identiques, on peut citer les suivants :
ترقى « Progrès » [92]
Le persan *taraqqī, – yat* correspond à l'ottoman *terakki – terakkiyat*. Au début du XXe siècle, on rencontre déjà un synonyme iranien calqué *pīš-raft*. L'arabe littéral moderne préfère cependant *taqaddum* qui figure déjà dans le *Dictionnaire français – arabe des termes judiciaires, administratifs et commerciaux* par Ibrahim Gad (voir n° 41).

Cet ouvrage nous sert ici de point de repère. La version persane de la Constitution ottomane[93] nous fournira des exemples pour illustrer les résultats du contact linguistique traité dans cette contribution.

قانون اساسى « Loi fondamentale », « Constitution »
Le terme *qānūn-e asāsī* [94] a été commun aux trois langues, mais ce sont les Ottomans qui ont promulgué une telle loi pour la première fois dans le

---

89. *Rūznāme* représente en fait un calque sémantique du français *journal*. D'après les auteurs de l'introduction au 1er volume de la réimpression du *Rūznāme-i Dowlat-e ʿaliyye-i Irān* (Téhéran, 1370, p. 7), le terme a été utilisé pour la première fois par Mīrzā Ṣāleḥ-e Šīrāzī en 1253/1837. Mirza Malkum Khan parle aussi de *rūznāme-i dowlatī* « journal officiel » (*Maǧmūʿe-ye āṣār*, p. 25).

90. Cf. *Ruznâme-i Cerîde-i Havadis*, nom du supplément du journal ottoman *Ceride-i Havadis* (« Le journal des événements »), publié en 1860-1864, les jours où eurent lieu des événements importants.

91. Voir l'éditorial « *Rūznāme va gāzet* » dans le premier numéro de *Aḫtar* (13 janier 1876). Dans l'article « *ʿarz-e maʿẓūrī* » (*Aḫtar* no. 5, 19 janvier 1876), les éditeurs défendent cependant l'usage de *gāzet* (كازت ; au lieu de la forme turque *gazete* [غزته]) « parce que notre journal va en Iran, aux Indes, et d'autres pays où les gens ignorent le turc, et n'en comprennent pas un mot ».

92. Voir sur ce concept Pistor-Hatam, *Nachrichtenblatt...,* pp. 185-186.

93. Publié dans *Aḫtar*, 3e année, n° 4 (7 février 1877), pp. 2-8. Le texte turc figure dans tous les annuaires officiels (*sâlnâme*) publiés après 1876.

94. Asya Asbaghi (dans *Die semantische Entwicklung arabischer Wörter im Persischen*, Stuttgart, 1987, p. 145) fait erreur si elle dit qu'« im Persischen wurde der Ausdruck *qānūn-e asāsī* .... aus dem Arabischen übernommen ».

monde musulman en 1876. L'arabe moderne préfère aujourd'hui le terme *dustūr* (mais *qānūn-e asāsī* figure encore dans Gad, *op. cit.*, p. 211).

مشروطيت

Le terme *hükûmet-i meşruta* « gouvernement constitutionnel » (<arabe *mašruṭ* « stipulé ») a conduit en turc-ottoman a un dérivé *meşrutiyet* « Constitution, gouvernement constitutionnel » qui doit être considéré comme un pseudo-arabisme. La vogue en a été cependant énorme. Il est devenu un mot-clé pour les Turcs-Ottomans aussi bien que pour les Iraniens (*mašrūṭiyat*) [95].

ملت « Nation » - *mellat*/millet ».

C'est un terme qui a fait couler beaucoup d'encre, vu le changement sémantique (religion > nation) qu'il a subi en turc et en persan [96]. Les particularités de cet usage sont déjà ébauchées dans les œuvres de Mowlānā Ǧalāloddīn Rūmī. À côté du vers

mellat-e ʿešq az hame dīnhā ǧodāst
ʿāšeqān rā maẕhab o mellat Hodāst

il nous a aussi laissé le vers arabe

Ummatu l-ʿišqi ḫafiyyun fī l-umami
Miṯla ǧūdin ḥawlahu lawmu s-saqami

L'arabe littéral moderne a adopté *umma* (Gad, *op.cit.*, p. 867 : « nation » *umma - ǧins - šaʿb*), terme qui garde en persan (*ommat*) et en turc (*ümmet*) son sens original de « communauté des musulmans ».

وطن « Patrie »

Dar ḥaqq-e aʿlāḥazrat-e pādšāhī va vaṭan be-ṣadāqat rāh rafte....zat-i hazret-i padişahîye ve vatanına sadakat « ...être fidèles à S.M. le Sultan et à la patrie » (Const. § 46).

asbāb-e modāfaʿe vo moḥāfaze-ye vaṭan - vatanın esbab-ı müdafaa ve muhafaza « l'intérêt de la défense de la patrie » (Const. § 64).

C'est un concept d'une importance fondamentale pour les réformateurs [97], y compris les dérivés *vaṭanparast, -ī* « patriote, patriotisme » (en turc *vataperver, -lık*). Pour remplacer ce terme d'origine arabe, Iraniens et Turcs ont dû ressusciter des mots anciens. Le persan *mīhan*, et le turc *yurt* (qui figure dans

---

95. Voir Anja Pistor-Hatam, *Iran und die Reformbewegung im Osmanischen Reich. Persische Staatsmänner, Reisende und Oppositionelle unter dem Einfluss der Tanẕīmāt*, Berlin, 1992, p. 87.

96. Sur quelques particularités de l'usage ottoman, voir J. Strauss, « Ottomanisme et « ottomanité » : le témoignage linguistique » in *Études turques et ottomanes. Documents de travail*, numéro 8, « Les mots du politique de l'Empire ottoman à la Turquie kémaliste », décembre 1999, pp. 20-34 ; pp. 23-25.

97. Voir Neshat, *The Origins...*, p. 152.

cette acception déjà dans les dictionnaires de Şemseddins Sami [98]) sont maintenant de plus en plus utilisés.

تبعه « Sujets »

Taba'e-ye 'oṣmāniyye – tebaa-i osmaniyye (Const. § 14).
Tabe'iyat-e ḫāreǧiyye – tabiiyet-i ecnebiye (Const. § 68).

Mirza Malkom Khan, dans son *Daftar-e Tanẓīmāt*, utilise encore les termes *ra'iyat* et *ra'āyā* [99] devenus obsolètes chez les Ottomans à la suite des *Tanzimat* [100]. (Gad, *op.cit.*, p. 1409 : *tābi' li-dawlatin - ra'iyya*).

مطبوعات « Presse (périodique) »

Maṭbū'āt dar dā'ere-ye qānūn āzād ast – Matbuat kanun dairesinde serbestdir « La presse est libre, dans les limites tracées par la loi » (Const. § 12). En arabe littéral moderne, ce terme était courant encore à la fin du XIXᵉ siècle (Gad, *op.cit.*, p. 1061: « presse ou presse périodique »: *al-maṭbū'āt* ou *al-ǧarā'id* ; « Liberté de la presse » *ḥurriyyat aṭ-ṭab'* ou *ḥurriyyat al-maṭbū'āt*) mais a été remplacé par *ṣaḥāfa* par la suite.

Dans la version persane de la Constitution ottomane, pour des raisons évidentes, les termes politiques identiques sont très nombreux. Ils sont en grande partie toujours en usage :

« élections générales » : *enteḫāb-e 'omūmī-ye mab'ūṣān* – meb'usân intihab-ı umumîsi (Const. § 69).

« conseil des Ministres» : *maǧles-e vokalā* - meclis-i vükelâ (Const. § 28).
(Gad, p. 203 : *maǧlis al-wuzarā'*).

« démission » : *este'fā* - istifa (Const. § 39).
(Gad, p. 290 : *isti'fā* ou *i'tizāl*).

« fonctions publiques »: *ḫademāt-e dowlatī*-hidemat-ı devlet (Const. § 18).
(Gad, p. 515 : *waẓīfa mīriyya* [101] ou *ḫidma 'umūmiyya*)

« fonctionnaires d'État » : *ma'mūrīn* – memurîn (Const. § 14) [102].

---

98. *Dictionnaire turc-français*, Istanbul, 1885, p. 1197 : *iourt* « pays natal ; patrie ; habitation ; possessions en terre, immeuble, biens fonds. »

99. *Cf. qānūn dar koll-e mamālek-e Irān dar ḥaqq-e ǧamī'-e afrād-e ra'āyā-ye Irān ḥokm-e mosāvī dārad ; āḥād-e ra'āyā-ye Irān ǧamī'an dar manāṣeb-e dīvānī ḥaqq-e mosāvī dārand ; hic ra'iyat-e Irān* (Maǧmū'e-ye āṣār, p. 26)

100. Voir Strauss, « Ottomanisme et « ottomanité », p. 21.

101. Emprunté au turc *mirî* (< pers. < ar. *amīrī*).

102. À côté de *ṣāḥeb-manṣebān*. Ce terme, qui figure déjà dans le *Dictionnaire persan-français* d'Adolphe Bergé (1ʳᵉ édition 1867, nouvelle édition, Leipzig et Hambourg, 1912), y est défini comme suit : « ...en général les militaires et en particulier les attachés des légations étrangères » (p. 438). Le *Dictionnaire français-persan* de J.B. Nicolas (vol. 1, Paris, 1885, p. 599) donne comme équivalent de « fonctionnaire » seulement مأمور.

(Gad, p. 515 : *muwaẓẓaf, mustaḫdam*)

« Assemblée générale » : *maǧles-e 'omūmī* - meclis-i umumî (Const. § 36 et *passim*).

(Gad, p. 60: *ǧam'iyya 'umūmiyya*)

رأى « Vote »

« à la majorité des voix » (Const. § 55) :*bā akṣariyyat-e arā'-* ekseriyet-i arâ ile ; « majorité absolue » *akṣariyyat-e moṭlaqe* ekseriyyet-i mutlaka (Const.. § 48).

« s'abstenir » (Const. § 49) : *az beyān-e ra'y ḫoddārī* - rey vermekden ictinab.

« scrutin secret » (Const. § 58) : *ra'y-e penhānī* - rey-i hafî.

« relations extérieures » : *monāsebāt-e ḫāreǧiyye* – münasebat-ı hariciyye (Const. § 45).

L'arabe moderne préfère pour « relations » *'alāqa* (pl. *'alā'iq, 'alāqāt* ; *cf.* Gad, p. 1191 : *'alā'iq rasmiyya* « relations officielles »)

« sécurité publique »

amniyyat-e 'omūmi – emniyet-i umumiyye (Const. § 36). Le terme turc *emniyet* est un pseudo-arabisme. (*cf.* Gad p. 1322 : *ḥifẓ rāḥa wa amn al-'umūm* ou *al-ǧumhūr* « maintenir l'ordre et la sécurité publics »)

En résultat, la terminologie politique persane paraît à maints égards, comme Hamid Algar l'a observé, identique à celle du turc avant la « Révolution linguistique » (*Dil Devrimi*), qui commença dans les années trente du XXe siècle et qui allait changer radicalement la physionomie de la langue. Mais il ne faut pas oublier qu'à cette époque, le lexique du persan était loin d'être stabilisé en ce qui concerne la terminologie nouvelle. C'est ainsi que certains termes figurant parmi les exemples cités ici représentent plutôt un usage propre à la presse iranienne dans la capitale ottomane et à ses auteurs. De nombreux termes datant de cette époque ont été abandonnés par la suite, ou bien ont été remplacés par des termes d'origine iranienne (y compris des néologismes), au cours de la réforme de la langue, certes plus modeste, effectuée sous Reża Chah [103].

---

103. Voir J.R. Perry, « Language reform in Turkey and Iran », *International Journal of Middle East Studies* 17/3 (1985), pp. 295-311 ; voir aussi M.A. Jazayeri, « The Modernization of the Persian Vocabulary », in István Fodor et Claude Hagège, éds., *Language Reform. History and Future*, 3 vol., Hambourg, 1983 ; vol. 2, pp. 240-267.

DIFFERENCES DANS LA STRUCTURE DU LEXIQUE DU PERSAN ET DU TURC-OTTOMAN

Quant à l'époque des *Tanzimat*, la question se pose : en quoi consistaient les différences entre le persan et le turc-ottoman ?

Celles-ci se dégagent également du texte que nous avons étudié, la Constitution ottomane de 1876. Elles résident dans la structure du lexique des deux langues et concernent surtout la position des éléments autochtones (iraniens/turcs respectivement) et les emprunts aux langues étrangères.

On sait que le flux de termes arabes avait modifié la structure du vocabulaire persan aussi fortement que celle du lexique turc, au détriment des éléments autochthones. Mais contrairement à la langue littéraire turque-ottomane de l'époque, qui avait perdu l'usage d'un très grand nombre de mots turcs anciens, tombés complètement en désuétude, le persan disposait (et dispose toujours) d'un fonds iranien assez bien conservé, surtout dans la langue littéraire [104], et qui est en tout cas capable d'être activé : c'est ainsi que le turc-ottoman ne connaissait que les termes arabes *harb* ou *muharebe* pour « guerre » [105] - termes peu courants en persan - tandis que les Iraniens se servaient de préférence du terme *ğang* que l'on a aussi utilisé en turc-ottoman (*cenk*). Il n'existait pas non plus de terme turc pour « liberté », concept qui était rendu soit par l'arabe *hürriyet* soit par le pseudo-iranisme *serbestiyet* [106]. Dans l'usage iranien, par contre, il existait le mot iranien *āzādī* [107] à côté de l'arabe *horriyyat* qui était apparemment beaucoup moins usité.

Même dans les cas où un terme turc existait, on préférait en turc-ottoman souvent un terme arabe, par exemple pour « langue » l'arabe *lisan* (au lieu du turc *dil*) [108], auquel correspondait en persan un terme iranien, *zabān*, dont on se servait couramment dans la langue littéraire (cf. *zabān-e rasmī lisan-ı resmî* « langue officielle » (Const. § 18). Le recours aux ressources du persan et à ses possibilités paraît aussi clairement dans les exemples suivants : *āsān kardan* « faciliter » pour *teshil* (§ 110), *entehāb konandegān* « électeurs » pour *müntehibler* (§ 72), *hademāt-e pasandīde* pour *hidemat-ı memduha* (§ 61), la dérivation persane dans *ma'zūlī* « déposition » au lieu de *mazuliyet* (le suffixe-*î* étant plus recherché en turc-ottoman), etc. À certains égards, les moyens d'adaptation des éléments arabes étaient moins développés en turc ottoman à cette époque. C'est ainsi que le turc-ottoman ignore les adjectifs dérivés d'un féminin arabe comme pers. *dowlatī*, *san'atī* etc.

---

104. Ceci est dû en premier lieu à Ferdousī et son « Livre des Rois », connu pour son purisme.
105. Aujourd'hui, il est remplacé par *savaş*, terme qui signifie en même temps « lutte, combat ».
106. Le terme moderne *özgürlük* est un néologisme.
107. En turc-ottoman, le terme persan *azad* (ou *azade*) a pris le sens de « libéré ».
108. Le style élevé a toujours préféré l'arabe *lisān* au terme turc *dil*, d'autant plus qu'on risquait une confusion avec le persan دل [en turc *dil*] « cœur ».

Quant aux éléments turcs en persan, ils ne permettent, ni par leur quantité ni par leur qualité, une comparaison avec les emprunts iraniens en turc-ottoman. Tandis que la plupart des termes persans que l'on rencontre dans la langue littéraire ottomane appartiennent à un registre élevé, les termes techniques turcs - ou plutôt turco-mongols - en persan, d'ailleurs des provenances les plus diverses [109], concernent surtout la terminologie très spécifique de l'administration du pays (comme p. ex. *bolūk* « subdivision d'une *nāḥiye*). Des titres honorifiques, noms de grades et de fonctions d'origine turque sont encore relativement nombreux à l'époque qāǧār, mais pratiquement sans importance dans le cadre de la formation d'une terminologie technique ou politique moderne. Citons cependant l'exemple de *ilči* (en turc *elçi*) « ambassadeur » (à côté de *safīr*), ou *telgrāfčī* « employé au télégraphe », où le suffixe est d'origine turque.

Un deuxième aspect concerne les mots empruntés à des langues autres que l'arabe. Le persan, de par sa position géographique, est entré en contact avec certaines langues qui n'ont pu laisser de traces en turc-ottoman. C'est ainsi que le persan se sert pour « impression (d'un livre) », d'un mot d'origine indienne *čāp* (<hindoustani *chāp*) [110] où le turc-ottoman, n'ayant pas subi une telle influence, emploie un terme d'origine arabe : طبع *tab'* (cf. Const. § 57) [111]. La même chose est vraie en ce qui concerne les termes empruntés par les Iraniens au russe, langue qui n'a pas laissé de traces en turc-ottoman : au *ṣaldāt* persan, qui désigne un « soldat (russe, français) », correspond en turc-ottoman un *soltat* emprunté à l'allemand (< italien) [112].

Quant aux termes empruntés aux langues occidentales, la situation est complexe. Il est pensable qu'une partie de ces termes soit entrée par l'intermédiaire du turc-ottoman en persan, même si c'est parfois difficile à prouver. En effet, beaucoup de termes empruntés au français, la principale source, étaient identiques. Un terme comme « soirée », par exemple, allait devenir un terme à la mode en persan aussi bien qu'en turc. Dans la terminologie des chemins de fer [113], devenue pour la plupart obsolète dans la langue actuelle, nous trouvons à cette époque *tiren, tren* (remplacé par *qaṭār* entretemps) ; *gār* (utilisé autrefois aussi en turc) ou *estāsyūn* (*cf.* turc *istasyon*), aujourd'hui *īstgāh-e rāh-i āhan* [114].

---

109. Voir Doerfer, *Türkische und mongolische Elemente*....(voir n° 40). Beaucoup de turcismes en persan sont inconnus en turc-ottoman.

110. D'où le mot *čāpḫāne* « imprimerie » (utilisé à côté de la construction arabe *dāro ṭ-ṭabā'e*). Le synonyme de *čāp*, *bāšme* provient du turc *basma* (nom d'action du verbe *basmak* « presser, imprimer » ; *cf.* aussi Mirza Malkum Khan « ...*īn panǧ qānūnnāme dar čāpḫane-e dowlatī bāsme čāp ḫwāhad šod* » (*Maǧmū'e-ye āṣār*, p. 31).

111. En turc-ottoman, on utilisait aussi le verbe turc *basmak*, d'où le terme *basmahane* « imprimerie » (à côté du plus courant *matbaa*).

112. Terme devenu obsolète au XIXe siècle.

113. Celle-ci se diffuse notamment après la construction des premiers lignes ferroviaires en Iran en 1888.

114. En Azerbaïdjan aussi *stānsiye, slansiye* (< russe *stantsiya)*

Le persan ignorait cependant les termes d'origine italienne en turc-ottoman qui ont résisté à la « francisation » du vocabulaire emprunté au XIXᵉ siècle [115]; p. ex. *banka* [116], *tiyatro* (pers. *te'ātr*), *fabrika* (pers. *fābrīk*), *parlamento* (pers. *pārlemān*) [117]. Ceci concerne aussi les noms de pays : au turc *Avusturya* (< it. [latin ?] *Austria*) correspond en persan *Otriš*, *Otrīš* (اطريش) emprunté au français [118]. Il manque également les emprunts au grec et aux langues romanes (« *lingua franca* »). C'est pour cela que dans la version persane de la Constitution ottomane, nous trouvons au lieu de *kumanda* (< it. *commanda*) « commandement », l'équivalent persan *farmān-farmā'ī* (§ 7), et pour un emprunt au grec, *angarya* (< αγγαρεία) « corvée », le persan *bīkār* (§ 24).

ARABISMES INCONNUS OU RARES

Si l'on a insisté sur les traits communs du lexique d'origine arabe en persan et en turc-ottoman, cela ne veut pas dire que l'usage coïncide complètement dans les deux langues. On a vu qu'il existe des « faux-amis » du vocabulaire persan [119], tels que les francophones les rencontrent par exemple dans le vocabulaire anglais d'origine française ou latine.

Un certain nombre de mots d'origine arabe d'un usage courant en persan ne sont guère utilisés en turc-ottoman, ou bien ils portent une signification différente. Citons, toujours à la base de notre texte, مطلب *matlab* (pl. *matāleb*) qui signifie « matière, affaire » en persan, mais qui a conservé son sens original arabe de « demande, revendication » en turc-ottoman. Par conséquent, *matlab* correspond à *madde* ou *husus* dans le texte de la Constitution (*passim*). تكليف *taklīf* a gardé en persan sa signification arabe de « tâche, devoir » [120] tandis qu'en turc il a pris le sens de « proposition ». Au terme persan *māliyyāt* « impôts », dérivé de l'arabe, correspond en turc *vergi (vergü)*, du reste un des rares termes d'origine turque figurant dans ce texte de la Constitution ottomane.

Inversement, certains arabismes courants en turc-ottoman sont inconnus ou rares en persan : *sunuf* « classes (sociales) » (§ 88 ; sing. *sınıf* صنف) est traduit dans le même texte par *aqsām* (sg. *qesm*) [121], le verbe *gaib* (غائب) *etmek* [122] (§

---

115. Au cours du XIXᵉ siècle, de nombreux termes d'origine italienne ont été graduellement « francisés », p. ex. *Fransa* (qui remplace *França, Françe*) ou *metre* (remplaçant *metro*).
116. Pers. *bānk* (depuis 1887). Le dictionnaire de J.B. Nicolas (vol. 1, 106) donne comme équivalent seulement *sarrāfhāne*. Le turc-ottoman utilise la forme *bank* dans certains mots composés : *Bank-ı osmanī* « Banque ottomane ».
117. Aussi *pārlament* (pour le parlement britannique).
118. En ce qui concerne la nomenclature géographique, c'est naturellement le journal *Ahtar* qui se conforme, pour des raisons évidentes, plus souvent à l'usage turc-ottoman.
119. Voir p. 7.
120. *Cf.* Mirza Malkum Khan, *Mağmū'e-ye ātār*, p. 28 : « *avval taklīf-e vozarā eğrā-e qānūn ast* ».
121. En persan moderne *tabaqe, -āt*.
122. En turc moderne *kayb etmek*.

116) « perdre » nécessairement par *fowt kardan*[123]. Dans l'« Appendice » de cette contribution, qui réunit les différences lexicales que nous avons pu constater dans les versions de la Constitution ottomane dans les deux langues[124], on trouvera de nombreux exemples illustrant ces différences d'usage.

Il arrive même que dans des textes bilingues, des iranismes turcs sont rendus - sans doute pour des raison stylistiques - par un terme persan d'origine arabe (et vice-versa): *cf.* « *yek* eltemās-*e degar ham dāram − bir başka niyazım daha var*[125] « j'ai encore une autre demande ».

METHODES DE TRADUCTION :

L'article 16 de la Constitution ottomane de 1876[126] est traduit de la manière suivante :

Texte ottoman	Texte persan
Bilcümle mektebler devletin taht-ı nezaretindedir. Tebaa-i osmaniyyenin terbiyesi bir siyak-ı ittihad u intizam üzere olmak içün iktiza eden esbaba teşebbüs olunacak ve milel-i muhtelifenin umur-ı i'tikadiyyelerine müteallik usul-i tâlimiyyeye halel getirilimiyecekdir	*Tamāmī-ye maktabhā dar taht-e naẓārat-e dowlat ast. Va barāye tarbiyat-e taba'e-ye 'oṣmāniyye be-yek siyāq-e ettehād o enteẓām asbābī rā ke lāzem bāšad tašabboṣ ḫʷāhad šod. Va oṣūl-e ta'līmiyye rā ke be-omūr-e e'teqādiyye-ye melal-e moḫtalefe ta'alloq dārad ḫalalī īrāṣ naḫʷāhad gardīd.*

Nous avons ici l'exemple de deux textes dans deux langues différentes qui emploient, à quelques exceptions près (*bilcümle*[127] − *tamāmī*, *getirilmek* - *halal īrāṣ g*.) une terminologie pratiquement identique.

Dans ces conditions, les méthodes de traduction comportent des traits bien spécifiques. Etant donnée la quasi-identité du lexique, la variation se crée en premier lieu par des moyens qui appartiennent au domaine de la stylistique. C'est possible surtout grâce à l'*aṭf-e tafsīr* dont les traducteurs iraniens ont fait abondamment usage.

---

123. En turc, *fevt etmek* siginifie « mourir, décéder » (terme poli).
124. Voir pp. xxx-xxx.
125. Ahmed Kemal, *Fârisî tekellüm risalesi*, p. 40.
126. Version française : « Toutes les écoles sont placées sous la surveillance de l'État. Il sera avisé aux moyens propres à unifier et à régulariser l'enseignement donné à tous les Ottomans ; mais il ne pourra pas être porté atteinte à l'enseignement religieux des diverses communautés ».
127. بالجمله *belcomle* est un adverbe en persan signifiant « totalement » ou « en résumé »

Celui-ci se divise dans les catégories suivantes (les exemples sont tirés des textes de la Constitution):

1. élément persan + élément persan
   āzād o vāreste   azade (§ 86)
   raftan o bargaštan   azimet ve avdet (§ 76)

2. élément persan + élément arabe
   kār o vazīfe   vazife (§ 92)

3. élément arabe + élément persan
   'alanan o āškār   alenen (§ 82)
   āmer o bozorg   âmir (§ 41)
   eğbār o nāçār   mecburî (§ 113)
   ertekāb o rošvatḫārī   irtikâb (§ 48)
   eṭā'at o be-andāze'ī   itaat (§ 41)
   ḥorriyat o āzādī   hürriyet (§ 64)
   moğazāt o keyfardāde   mücazat (§ 10, 48)
   mofles o varšekast   iflas (§ 68)
   mosāvāt o barābarī   mütesavi (§ 17)
   mozākarāt o goft o šenūd   müzakere (§ 29, 57, 98) ; ṣoḥbat o – (§ 54);
   ta'dīl o dastkārī   tâdil (§ 53)
   tadqīq o rasīdegī   tedkik (§ 64, 80)
   vazīfe vo seyūrsāt   muvazzaf (§ 63)
   żarūrat o nāçārī   zaruret (§ 36)

3. élément arabe + arabe
   aḥvāl o owżā'   ahval (§ 31)
   dā'emī vo mādāmo l-ḥayāt   kayd-ı hayat ile (§ 62)
   eḥterāz o moğānabat   mücanebet (§ 46)
   eḥterām o tamkīn   hürmet ve riayet (§ 41)
   eṣlāḥ o ta'dīl   tâdil ve tashih (§ 64), tâdil (§ 116)
   enżebāṭ o enteżām   inzıbat (§ 59)
   fasḫ o motafarreq   dağıtıl- (§ 74)
   ḥabbe vo dīnārī   bir akçe (§ 25)
   hey'at o ğam'iyat   heyet (§ 43)
   īżāḥāt o bayānāt   izahat (§ 31)
   mamhūr o emzā šode   imzalı (§ 14)
   mohemm o 'omde   mühimm (§ 28)
   mağrà vo ma'mūl   icra olun- (§ 28)
   be-qā'ede vo oṣūl   usulen (§ 21, 29)
   radd o ğarḥ   redd (§ 64)
   ṣalāḥiyat o esteḥqāq   selahiyet (§ 88)

ta'dīl o eṣlāḥ	tâdil (§ 80)
tašḫīṣ o ta'yin	tefrik ve tâyin (§ 92)
tašḫīṣ o tafrīq	tefrik (§ 108)
towr o ṭarz	şekil (§ 103)
vaẓāyef o malzūmāt	vazife (§ 84)
vaẓāyef o esteḥqāqāt	vezayif (§ 107)
vos'at o mosā'adat	müsaid (§ 36)

On voit donc très clairement en quoi consiste cette méthode : il s'agit en principe d'une simple addition, d'un synonyme du terme qui figure dans le texte en turc-ottoman, tandis que les cas où les deux termes sont complètement différents sont extrêmement rares : *raftan o bargaštan* pour *azimet ve avdet* ; *towr o ṭarz* pour *şekil* ; *eḥterām o tamkīn* pour *hürmet ü riayet*. Dans le dernier exemple, les deux premiers éléments (pers. *eḥterām* et turc *hürmet*) remontent cependant à une même racine arabe. Dans d'autres cas, les traducteurs iraniens ont recours à des formes dérivées différentes, par exemple à une forme nominale au lieu d'un adjectif : *eğbār o nāçār* pour *mecburî* ; *vos'at o mosā'adat* pour *müsaid* ; *mosāvāt o barābarī* pour *mütesavi*. Mais aussi le procédé inverse a lieu: *mağrà vo ma'mūl* pour *icra olun-*; *mofles o varšekast* pour *iflas*.

Une influence turque qui va au delà de l'influence lexicale ne se fait sentir que très rarement. On pourrait cependant considérer les formes persanes *vokalāyī, vālīgarī, īlçīgarī, pātrīkī, ḫāḫāmbāṣīgarī* [128] comme une sorte de calque de *vükelâlık, valilik, elçilik, patriklik, hahambaşılık* (Const. § 62) où le suffixe turc *–lik* est systématiquement remplacé par le suffixe persan *-garī*.

Ce style allait devenir la cible des lettrés iraniens plus tard. Mais les intellectuels iraniens eux-mêmes étaient bien conscients du problème. Les traducteurs de la Constitution ottomane, par exemple, se rendaient bien compte du fait que leur traduction contenait des expressions (*'ebārat*) et des termes (*eṣtelāḥāt*) courants en turc-ottoman, mais peu conformes à l'usage persan [129]. Il paraît douteux que l'on ait pu trouver pour ces mots, comme les auteurs le suggèrent, des équivalents dans le persan de l'époque ou en vieux perse [130]. Beaucoup plus convaincant est l'argument selon lequel, pour fixer leur signification (*ma'nī-ye loğavī*), il aurait fallu l'approbation d'un organisme officiel (*mağles-e rasmī*). Un tel organisme n'existait cependant pas à cette époque en Iran. Le problème n'était pas purement linguistique : ce n'est pas seulement les acceptions (*ma'nī*) et par conséquent les mots (*loğat*), qui manquaient en Iran à cette époque, mais aussi les institutions désignées par des

---

128. « Grand Rabbinat » ; terme turc, dont le premier élément est d'origine hébraïque (*haham* <hébreu {ןן} [ḥakham] « sage »)
129. Voir l'article « *Yād-āvarī va eḫtār-e maḥṣūṣ* », *Aḫtar* n° 4, 7 janvier 1877, p. 9.
130. « *rāst ast loğathā-ye maẓkūre dar fārsī-ye ḫālāyī veyā pārsī-ye qadīm tarğome dārad* »

termes jugés « difficiles » à comprendre pour un lecteur iranien, comme *hey'et-i âyan* (« Sénat ») ou *hey'et-i meb'usân* (« Chambre des Députés ») .

L'étude de cette question mériterait encore bien des recherches approfondies. Seyyed Ḥasan Taqīzāde, en évoquant les écrits de ses compatriotes résidant dans la capitale ottomane, a parlé du « *fārsī-ye ḫān-e Vālide* » [131], dont il se moquait dans une rubrique portant le même titre, et qui parut régulièrement dans la revue *Kāve*, publiée à Berlin. [132] Quelles que soient les fondements de cette critique, elle ne fait qu'illustrer l'intensité des contacts et des échanges littéraires et linguistiques qui commencèrent à l'époque des *Tanzimat*, et dont la langue persane porte les traces encore de nos jours.

Appendice : Différences lexicales dans le texte persan de la Constitution ottomane:

A

āġāz k.	başlamak (§ 70)
be-'amal āmadan	icra edil- (§ 98)
aqsām	envâ (§ 29)
āsān k.	teshil (§ 110)
āyande	gelecek (§ 74)
az rū-ye	tevfikan (§ 20) *movāfeq-e...*tevfikan (§ 29)
āzād	serbest (§ 12 ; 15)
āzādī-ye eğrā	serbestî-i icra(§ 11)

B

bad-aḥvālī	su-i ahval (§ 68)
bas dāde š.	reddolunmak (§ 52)
bīkār	angarya (§ 24)
bāṭel k.	ilga (§ 48)
bayān k.	mübeyyin (§ 97)
bedeh	vergi (§ 25)
be-eḫtiyār-e ḫod	yed-i ihtiyarında (§ 67)
be-'ellat-e	cihetiyle (§ 74)
be-ettefāq-e	...ile birlikde (§ 80)
be-šaḥsehe	bizzat (§ 31, 49)
be-towr-e sābeq kemakan (§ 11)	
be-towr-e mašrūḥ	be-vech-i meşruh (§ 116)
be-zūr	cebren (§ 22)
be-nafsehe	bizzat (§ 38)

---

131. D'après le célèbre *Vâlide Hanı* d'Istanbul où se trouvait aussi le centre des imprimeurs iraniens.
132. Riyāḥī/Kanar, *op.cit.*, p. 266.

C

çāp   tabʻ (§ 57)

D

Dast kardan az   keff-i yed etmek (§ 84)
dar dast-e eḫtiyār   yed-i iḫtiyar (§ 35)
dar zedd-e   aleyḫinde (§ 92)
dasturo l-ʻamal   tâlim (§ 47)
be-deqqat vāresī n.   tedkik (§ 105)
do-bāre   tekrar (§ 69)

E

ebṭāl k.   fesh ; izae (§ 7) ; ilga (§ 118)
enteḫāb konandegān   müntehibler (§ 72)
entešār   neşir (§ 82)
esteʻdād   ehliyet (§ 19)
esteḥqāq   selahiyet (§ 89)
esteḥṣāl   tahsil (§ 7)
eẕhār   tebeyyün (§ 52), ifade (§ 56) arz (§ 110)

F

farmānfarmāʻī   kumanda (§ 7)
fehrest   takrir (§ 31, 105) *fehrest-e ğodāgāne* takrir-i
                                   mahsus
feqra feqra   bend bend (§ 55)
feqarāt   hususat (§ 33, 35) ; mevadd (§ 98)
ferestādegān-e vokalā   anların göndereceği vekiller (§ 56)
fowt k.   gaib etmek (§ 116)

G

gereftār š.   tutulmak (§ 79)
goft p šenūd   müzakere (§ 51)
gūš d.   istima eylemek (§ 56)

Ğ

ğā be-ğā k.   tesviye (§ 101) tedarük § (101)
ğāʻez   mücaz (§ 67)
ğā ḫlī   münhal (§ 75)
ğang   *eʻlān-e ~ ilân-ı harb* (§ 7) ; muharebe (§ 24)
ğodā ğodā   başka başka (42)
ğodāgāne   mahsus (§ 29, 108)
ğodāgāne-ye maḫsūṣ   mahsus (§ 31, 39)
gošūde š.   küşad (§ 45 ; yevm-i ~ında *rūz-e gošūde šodan* ; §
                                   46 : resm-i ~ icra olunub *rasm-e eftetāḫ-e mağles
                                   be-ʻamal āvarde mišavad*)

H
hame   bilcümle (§ 39)

Ḥ
ḥādes̱   zuhur (§ 36)
ḥāl-e ḫaṭarnāk   hal-i muhatara (§ 92)
ḥokmrān   hükümdar (§ 4)
ḥoqūq-e madaniyet   hukuk-i medeniyye (§ 68)
ḥozūr be-ham rasāndan   devam etmek (§ 74)

Ḫ
ḫāheš   taleb   (§ 62)
ḫāne-nešīnī   tekaüd (§ 39, 81, 107)
ḫāreğe   *doval-e ḫāreğe* düvel-i ecnebiyye (§ 7); *ḫedmat-e*
                                   ḫāreğe hidmet-i ecnebiyye (§ 68)
ḫāreğiyye   *tābe'iyat-e* ~ tabiiyet-i ecnebiyye (§ 68)
ḫazāne   hazine (§ 63, 76)
ḫoddārī   ictinab (§ 49)

I
īn gūne   bu misillü (§ 33)

K
kam o ziyād   tâdil (§ 116)
Be-kār bordan   istimal etmek (§ 83)
kār-e 'omde vo mohemmi   madde-i mühimme (§ 78)
kārhā   umur (§ 29)
keyfiyat   suret (§ 112, 113)

L
lā bodd bāyad   mecbur (§ 72)

M
mağrā   k.icra et. (§ 84)
māhiyāne   maaⱢ-ı ⌡ehriye (§ 63)
maḥzar   mazbata (§ 31)
maḫfī   hafi (§ 78, 82)
māne'e   *asbāb-e* ~ esbab-ı hacriyye (§ 74)
maṭlab   madde (§ 38, 56) ; hususat (§ 51, 53 ; 114)
maṭraḥ   -emevki-i (§ 54)
mo'āmalāt   teamül (§ 118)
moğāzāt   ceza (§ 84) *omūr-e* ~ ümur-i cezaiyye (§ 91)
mohavvel gard.   havale (§ 53)
moḥallā   tahliye edilmek (§ 78)
mardom   halk (§ 11)
mālek   mutasarrıf (§ 21)

maṣāref	sarfiyat (§ 100)
moʿayyan	tâyin (§ 29, 32, 39, 40)
mostaḫdam	hizmetkârlığında (§ 68)
movāfeq-e	-e tevfikan (§ 76, 81)
maʿzūlī	mazuliyet (§ 39)
mostaqīman	doğrudan doğruya (§ 60)

N

nāçārī	mücbir (§ 101)
nafar	nüfus §
nagozaštan-e šomāre-ye ān	mikdarını tecavüz etmemek (§ 60)
naḫost	evvelâ (§ 52)
negāh dāštan	vikaye (§ 11, 36, 91 : *negāhdārī*)
nešan d.	irae etmek (§ 81)
nīkī-e aṭvār	hüsn-i hareket (§ 39)

O

omūr	mevadd (§ 29)
omūr-e māliyyāt	ümur-i maliyye (§ 80)
owzāʿ	ahval (§ 105 : ~-e *māliyyātī* ahval-e maliyye)

P

paẕirofte š.	kabul olunmak (§ 82)

Q

qābeliyat va esteʿdād	ehil ve müstahakk (§ 39)
qarārdād	ba'de l-karar (§ 55)
qarār dādan	karargir olmak (§ 51), karar verilmek (§ 80)
qesmat š.	tevzi (§ 57) ; ~ o ğā be-ğā k. tevsi ve tedarük (§ 80)
aqsām	sunuf (§ 88)

R

raftār	muamele (§ 47)
rasīdegī	icra (§ 33), rüyet (§ 48, 84, 85, 87, 89, 105); ~ *šodan* cereyan et. (§ 82)
rāğeʿ	aid (§ 3, 29, 33, 53, 84, 85)
roğūʿ be-	-e müracaat (§ 52, 78)

S

samt	cihet (§ 113)
sazāvar	şayan (§ 61)
sowgand	tahlif (§)

Š

šaḫṣ	zat (§ 5, 33, 67, 92)

šaḫ ṣī	*amvāl ȯ amlāk-e ~yye* emval ve emlâk-i zatiyye (§ 6)
ašḫāṣ	zevat (§ 62)
šorū'	başlanmak (§ 84)

T
taḥṣīl	istihsal (§ 96)
taḥmīnī	takribî (§
taklīf	vazife(§ 40, 91)
tamāmī-ye	bilcümle (§ 16)
tanhā	sırf (§ 33)
tāze	müceddeden (§ 73)

Ṭ
ṭūlānī	*moddat-e ~* müddet-i medide (§ 74)

V
vaṣf	sıfat (§ 90)
vos'at dāde	tevsi (§ 109)

Z
zabān	*~ -e rasmī* lisan-ı resmî (§ 18)
zerā'at	felahat (§ 110)
ẓeyl	zikr-i âti § (116)

Michel BOZDÉMIR

COMPLEXE ARABO-PERSAN EN TURQUIE

Nous connaissons la renaissance de quelques langues célèbres, le cas du turc n'est pas unique, ni sans précédent. Mais nulle part, les rapports politico-linguistiques n'ont été aussi intimement liés qu'en Turquie républicaine où ils sont toujours animeés par des passions d'une extrême énergie. La singularité du cas turc réside dans l'ambition de créer de toutes pièces une nouvelle langue turque à 100% nationale, épurée de ses éléments étrangers, et ce par décret et de manière contraignante, en l'espace d'un demi-siècle (1932-1983). Il s'agit d'un interventionnisme systématique, centralisé et durable. Activement soutenu par les pouvoirs publics, il va donc à contre-courant de ce qu'indiquait Ferdinand de Saussure dans ses cours [1]. Si bien que le principe de l'immutabilité de la langue, en tant que patrimoine hérité des générations précédentes, est parfaitement remis en cause. Le signe n'est plus intouchable, il ne peut plus résister à la substitution et peut être muté ou remplacé arbitrairement par une sorte d'ingénierie linguistique qui fonctionne sans relâche. Pour reprendre, en les inversant, les propos du père fondateur, « la langue est ici soumise directement à l'esprit des sujets parlants » [2].

Ainsi, à partir des années trente, nous voyons surgir en Turquie une véritable politique linguistique, conçue et exécutée au plus haut niveau, dont la rigueur et la persévérance conditionnent encore l'évolution du turc actuel.

Il s'agit en fait du passage d'un empire multinational, multiconfessionnel et surtout polyglotte à un Etat-Nation, moderne et républicain mais autoritaire ; pro-occidental et laïc, mais ecthocentrique et surtout unilingue.

Ironie de l'histoire, il nous faut inverser les clichés d'antan : autant les Turcs ottomans paraissaient libéraux en matière linguistique —il n'était pas question de turcisation des populations non-turques, ni dans les Balkans ni ailleurs —autant les Turcs républicains s'efforcent de turciser les non-turcs, notamment les Kurdes. La langue impériale *osmanli*, construction cosmopolite incompréhensible pour la plupart des sujets cède la place à une langue nationale dont la réédification est élevée au rang des premières préoccupations de l'Etat.

La réforme linguistique en Turquie est donc d'abord une question politique qui touche à la manière d'être d'un peuple, à son interrogation sur son identité :

---

1. Ferdinand de Saussure, *Cours de linguistique générale*, Paris, 1975, chapitre II et *passim*.
2. *Ibid.*, p. 313

ce qui est posé au départ est une problématique existentielle. Comment peut-on être Turc ? C'est la question que les Turcs se posent au tournant du siècle.

La question est ainsi directement liée à la naissance du nationalisme turc. L'Empire ottoman était devenu un vaste champ de revendications identitaires et la langue turque n'avait pratiquement plus d'existence au sein de l'Etat. A tel point qu'un Sultan a pu envisager de décréter la langue arabe comme langue officielle de l'Empire [3]. Par crainte de précipiter la disparition de leur Empire, les Turcs n'osaient pas dire qu'ils étaient Turcs. Leur nationalisme est le dernier d'une vingtaine de mouvements identitaires qui se sont développés depuis le début du XIXe siècle.

Le point de départ est donc l'esprit d'indépendance d'Atatürk, qui commande toute sa philosophie politique. En 1930, en extrapolant l'aspiration à l'indépendance politique du pays, il a préconisé la « nécessité d'ôter le joug des langues étrangères sur la langue turque »[4]. La prise en charge de la langue par l'Etat kémaliste rejoint ainsi l'unique tentative dans l'histoire de donner au turc le statut de langue officielle, qui fut concrétisée plusieurs siècles plus tôt par le firman de Karamanoglu Mehmet Bey, le 15 mai 1277 [5]. L'événement est aujourd'hui célébré comme la fête de la langue. Après les longues périodes seldjoukide et ottomane, la notion de langue officielle réapparaît avec la République dans la Constitution de 1924.

UNE POLITIQUE LINGUISTIQUE VOLONTARISTE

Deux objectifs majeurs sont facilement décelables dans la politique kémaliste :

– procéder à un retour aux sources de l'étymologie turque pour vivifier le nationalisme nouveau-né ;

– couper les ponts avec la civilisation islamique qui, par ses symboles et sa présence au sein du vocabulaire de la langue turque, gênait les kémalistes.

Dans ce domaine comme dans d'autres, le mouvement kémaliste est allé très loin, et a bénéficié de la durée. Ce ne fut point le cas pour des expériences semblables dans d'autres contextes. Pour ne citer que l'exemple de l'Iran contemporain et de son académie (*Farhangestān-e Zabān-e Īrān*) où, à l'opposé du cas turc, me semble-t-il, nous sommes en face d'une situation hésitante,

---

3. Enver Ziya Karal, *Osmanî Tarihi* (L'histoire ottomane), vol. 8, TTKY, Ankara, 1988, p. 403.
4. *Düşünceleriyle Atatürk* (Les pensées d' Atatürk), TDK, Ankara, 1991.
5. Le firman de Mehmet Bey est célèbre pour ses accents protectionnistes : « Bugünden sonra, Divanda, dergâhta, barigâhta, mecliste, meydanda türkçeden başka dil kullanılmayacaktır ». (Désormais, nul ne pourra s'exprimer autrement qu'en turc sur la place publique, à l'Assemblée, dans les tentes, dans les couvents, à la réunion du conseil, au divan.), cité par A. Dilaçar, Devlet Dili olarak Türkçe, TDK, 1964, p. 14

fluctuante et peu durable [6] dont les résultats sont inégaux. La volonté de se dégater des langues arabe et persane semble avoir également influencé la conception du nouvel alphabet.

L'orientation pro-occidentale prise en toute matière par l'équipe kémaliste, a sans aucun doute poussé la langue turque dans le sens d'un éloignement des langues de l'islam, ne serait-ce que sur le plan lexical et alphabétique : autrement dit, adoption de l'alphabet latin et rejet du vocabulaire oriental (arabo-persan). On peut parler d'un véritable complexe face aux deux grandes langues de l'islam.

Tout se ramène ainsi à la coupure civilisationnelle opérée par la République. L'hostilité observée à l'égard du vocabulaire arabo-persan s'explique aussi bien par ce choix que par la volonté de repli identitaire.

Ce qui frappe l'observateur ici, c'est la véhémence des réformistes à l'encontre des mots arabes et persans, alors qu'une moindre hostilité est manifestée à l'égard des mots d'origine occidentale.

En effet, au moment même où l'on se réunit pour forger une nouvelle langue, on déclare la guerre à l'héritage arabo-persan, mais on emploie volontiers des termes français comme *lenguistik, orijinal, enteresan, teori, klasik, kültür, komisyon, Endo-öropeen, jeni, enonse, prejüje, a priori, a posteriori, lojik, etimoloji, morfoloji, fonetik, monojenez, polijenez, prensip,* etc...

D'un autre côté, les nouveaux mots n'étaient pas toujours étymologiquement fondés, ni toujours conformes aux règles de la langue : on a tenté de remplacer *şehir* (ville) du persan par *kent* du persan ancien, et *esas* (base) de l'arabe par *temel* du grec.

La révision ininterrompue du vocabulaire a causé inévitablement un état d'instabilité durable de l'expression. Lorsque le but avoué est défini comme étant la recherche d'un vocabulaire à 100% turc, on peut imaginer l'immensité de la tâche : le remplacement de plusieurs dizaines de milliers de mots d'origines étrangères que le turc a empruntés au long de plusieurs siècles à travers les espaces étendus que les Turcs ont traversés. Si l'on disposait d'une étude quantitative avec datation individuelle de l'apparition des nouveaux mots, on pourrait constater le volume du vocabulaire créé et la rapidité de l'opération.

EPURATION OU CRÉATION D'UNE NOUVELLE LANGUE?

Au début de la réforme, on estime à près de 70% le vocabulaire d'origine étrangère. En l'espace d'une décennie, nous assistons à une turcisation massive. Ce chiffre atteint aujourd'hui plus de 80%. Une véritable dynamique d'épuration

---

6. Pour une étude comparative, voir John R. Perry, « Langage Reforme in Turkey and Iran », *Journal of Middle East Studies*, vol. 17, n° 3, 1985.

a prévalu jusqu'aux années 80. Même l'appel à la prière fut traduit en turc, en même temps que le Coran. Le mouvement d'« öz türkçe » (turc pur) encouragé dans les medias, dans les manuels scolaires, sur la place publique, a sans cesse gagné du terrain, avant d'être endigué par les militaires en 1980.

On a mobilisé les énergies avec une campagne horizontale d'une part (recueil-*derleme*), afin d'inventorier les lexèmes dans les parlers anatoliens inconnus dans la langue citadine et, d'autre part, par balisage vertical (dépouillement-*tarama*) des grandes œuvres : en remontant jusqu'au XIe siècle on a tenté de réhabiliter les éléments du vieux fond turc, en vue de pallier aux lacunes et insuffisances du vocabulaire considéré comme *öz türkçe*.

Une campagne nationale fut lancée, au début des années 30, en vue d'épurer le vocabulaire. La première « fournée » comprenait 1382 mots arabes ou persans devant être remplacés en l'espace de trois mois et demi. La première liste est annoncée le 12 mars 1933 par *Hâkimiyet-i Milliye* — l'organe du parti unique —, sur le ton des grands jours : « Aux citoyens alphabétisés, mobilisation linguistique, au travail ! »

Voici les 14 premiers mots dont 10 d'origine persane et 4 d'origine arabe appelés à être remplacés :

âdâb (savoir vivre) < ar.
âfarin (bravo) < per.
âfat (catastrophe) < ar.
âgâh (informé) < per.
âhenk (harmonie) < per.
alâyeş (allure) < per.
âlet (outil) < ar.
âmâde (prêt à.. .)< per.
âmir (supérieur) < ar.
âsâyeş (ordre, sécurité) < per.
âsûde (paisible) < per.
âyin (cérémonie religieuse) < per.
âyine (miroir) < per.
âzâde (libre) < per. [7]

Il est intéressant de noter le sort subi par cette première fournée en vue d'une mutation lexicale qui sera suivie avec application et assiduité pendant un demi-siècle :

conservés	à égale fréquence	périclite au profit de	vieillis
âfarin	âlat = araç, aygıt	âhenk < uyum	âgâh < haberli
âfat	amir = üst	âmade < -e hazır	alâyis < gösteriş
		âsûde < sakin, sessiz	âyine < ayna

---

7. Cité par Agâh Sırrı Levend, *Türk Dilinde Gelişme ve Sadeleşme Evreleri* (Phases de purification et de développement dans la langue turque), p. 417, TDK, 1972.

> *âyin < dini tören*
> *âzade < serbest, özgür, hür*
> *âdab < görgü*
> *âsâyis<güvenlik, düzenlilik*

Seuls deux mots sur quatorze (*âferin* et *âfat*) n'ont pas été touchés par le mouvement ; le premier, couple d'un synonyme d'origine occidentale (*bravo*), et le deuxième avec un concurrent qui n'a pas pu s'imposer (*kıran*).

Le corpus ainsi recueilli, aussi riche soit-il, pouvait-il répondre à tous les besoins des temps modernes ? On est en droit d'en douter. La preuve en est que, si le mouvement d'épuration a pu réussir une opération de « chasse aux sorcières » à l'encontre des emprunts arabo-persans, il n'a pu cependant faire de même face à l'entrée massive des mots en provenance des langues occidentales, et plus particulièrement du français. Une thèse a démontré récemment que plus de 4000 vocables tiraient leurs origines du français [8].

La troisième procédé de turcisation du vocabulaire relève de la création lexicale notamment par suffixation. Dans ce domaine, le caractère particulièrement productif de la langue turque grâce à sa nature agglutinante a largement facilité la tâche des réformistes. L'initiateur du mouvement, M.K. Atatürk a donné lui-même l'exemple en rédigeant un manuel de géométrie dont il a rénové la terminologie. Nombre de termes mathématiques actuellement en usage proviennent de cette source.

La création à l'infini de façon arbitraire et délibérée du vocabulaire fait penser irrésistiblement à la notion de langue artificielle avec ses effets indésirables. Mais il n'en reste pas moins vrai que la rénovation de la langue turque doit beaucoup à cette politique dirigiste. En l'espace de quelques décennies, le turc s'est enrichi de plusieurs milliers de nouveaux mots et ce sans emprunter à l'arabe ni au persan.

DILEMME

Naturellement, le dédoublement du vocabulaire se répercute sur l'expression dans toutes ses formes, causant en quelque sorte un bilinguisme à l'intérieur d'une même langue. Il existe ainsi deux écritures de la constitution, deux types de discours politique, deux styles journalistiques, littéraires,... où dans chacun des cas, on peut aisément reconnaître l'orientation politique par simple repérage lexical, et sans chercher à saisir le contenu : « Dis-moi un mot, je te dirai de quel bord politique tu es ! ».

---

8. Cybèle Berk-Bozdemir, *Les emprunts linguistiques entre le français et le turc*, thèse de doctorat, Paris III, 1999.

Nous avons insisté sur l'omniprésence d'une certaine diglossie, et sur le fait qu'elle ne se limitait pas au seul vocabulaire politique au technique, mais s'appliquait à tous les secteurs de la vie publique. Pour tout homme de lettres naturellement sensible au choix des mots, le dilemme est constant : entre un vocabulaire vieilli et dévalorisé, mais qui conserve une meilleure expression et un autre nouvellement proposé, mais à peine conventionnel. D'où toute une série de difficultés de communication bien réelles qui constituent l'apanage des critiques à l'égard de la réforme :

    – Difficultés entre générations tout d'abord.

    – Difficultés surtout entre les époques. Un Turc moyennement instruit des années 80 ne peut pas comprendre le discours de Mustafa Kemal prononcé il y a un demi-siècle ; il en existe d'ailleurs actuellement plusieurs traductions. Quant à la langue ottomane, il n'est pas exagéré de dire qu'elle s'apparente de plus en plus à une langue étrangère, et même les opposants à l'*öz türkçe* ne peuvent la comprendre sans en être spécialistes.

    – Difficultés enfin pour les œuvres face à la postérité. Rares sont celles qui traversent plusieurs générations sans que leur vocabulaire soit remanié. Les classiques, Namîk Kemal, Ömer Seyfettin, Ziya Gökalp, sont souvent « simplifiés » ou « traduits » par les éditeurs, parfois par les auteurs eux-mêmes.

VERS UN LIBÉRALISME LINGUISTIQUE

Contrairement à sa phraséologie atatürkiste, le mouvement militaire du 12 septembre 1980 s'est avéré dans son essence politique, comme la première tentative réussie d'une révision de l'orientation kémaliste de l'Etat. A l'instar de la religion, la langue a donc fait l'objet d'une nouvelle politique. Les polémiques incessantes, presque quotidiennes, entre partisans et adversaires d'*öz türkçe* témoignent de l'importance des enjeux. Les partisans ont su faire passer le message et créer une mode durable dans les couches influentes de la société : enseignants, jeunes, journalistes, écrivains, universitaires... Et les opposants ont misé sur le changement institutionnel pour endiguer la dérive puriste.

Le régime d'exception issu de l'intervention militaire de 1980 a procédé, sans en donner l'impression, à une révision générale des grandes institutions. La TDK par exemple, a subi non seulement un coup de frein dans la campagne d'épuration de la langue, mais aussi une refonte pure et simple de son organisme. Le Conseil National de Sécurité a imposé en 1983 un regroupement des sociétés d'histoire et de langue sous l'autorité du premier ministre, avec une orientation nettement conservatrice en matière de langue. Fondées sous l'impulsion d'Atatürk, les deux sociétés fonctionnaient grâce à des fonds propres, légués par ce dernier dans son testament.

Au terme d'une longue période particulièrement agitée, la langue turque se trouve toujours tiraillée entre la tentation puriste et celle d'un « laissez aller, laissez faire ». Ce qui est nouveau dans la phase actuelle depuis 1980 est que l'Etat se décharge de sa vocation dirigiste pour donner son aval à un libéralisme linguistique[9].

Il reste cependant, curiosité turque bien particulière, l'interdiction de l'enseignement de l'arabe et du persan dans le secondaire. Ce n'est peut-être qu'une cicatrice des temps forts de la réforme, mais une cicatrice anachronique et peu conforme à l'esprit du dialogue des civilisations.

---

9. Michel Bozdémir, « D'une langue impériale à une langue nationale : vicissitudes d'une politique volontariste en Turquie », *Langues et pouvoir*, Publications des Langues'O, 1999.

Sonel BOSNALI

PATRIMOINE LINGUISTIQUE EN SITUATION DE CONTACT : LE CAS DU TURC D'AZERBAÏDJAN EN IRAN

L'objectif de cet article est de présenter la situation sociolinguistique du turc d'Azerbaïdjan iranien en contact avec le persan. A travers une analyse des rapports de ces deux langues dans les domaines des fonctions et des structures, il sera question ici de savoir si la situation sociolinguistique du turc d'Azerbaïdjan relève d'un phénomène de bilinguisme ou de diglossie ? Pour ce faire, l'étude proposée ici porte sur les pratiques linguistiques et les usages du turc, tout en distinguant le domaine formel du domaine informel. Cela permettra, en même temps, d'apprécier les fonctions de cette langue et de vérifier l'existence des phénomènes de maintien ou d'abandon de la langue maternelle. Il s'agira ensuite de comprendre les motifs, les modalités et les conséquences des interférences entre ces deux langues.

PRATIQUES LINGUISTIQUES DES TURCOPHONES

Les données sur les langues régionales en Iran nous manquent. En fait, il serait peut-être mieux de dire qu'elles « me » manquent. Car de telles statistiques existent, selon M. Amani [1] et B. Hourcade [2], auxquels nous allons parfois nous référer ici, mais l'accès à ces statistiques est limité.

Selon les résultats du recensement iranien de 1986 (1365), le persan était parlé par 80,7% des Iraniens, mais 15,5% l'ignoraient et 3,6% le comprenaient seulement. La situation est d'une autre nature pour ce qui concerne la population turcophone. Le taux moyen de la connaissance de persan, dans trois provinces turcophones, était de 48,2%, contre 47,7% qui ne le connaissaient pas et 3,7% qui n'étaient capables que de le comprendre. Ce niveau baisse à mesure qu'on s'éloigne du centre du pays : 64,8% de la population de Zendjan parlaient le persan, alors que 31,3% d'entre eux ne le savaient pas et 3,5% n'étaient capables que de le comprendre. Puis, seuls 40,7% de la population de l'Azerbaïdjan oriental savaient parler le persan, contre 54,6% qui ne le savaient pas et 4,4% qui le comprenaient seulement. Enfin, en Azerbaïdjan occidental,

1. Mehdi Amani, « Karbord-e zebânha-ye mahalli dar Iran », *Nâme-ye 'oloum-e ejtemâ'i*, n° 12, 1377, pp. 33-50.
2. Bernard Hourcade, « Qui parle persan en Iran ? », *Hommes et terres d'Islam : mélanges offerts à Xavier de Planhol*, Téhéran, Institut Français de Recherche en Iran, 2000, pp. 419-434.

ce chiffre était de 39,1% pour ceux qui savaient le parler, contre 57,3% pour ceux ne sachant pas parler et 3,2% pour ceux qui comprenaient seulement [3].

Nous n'avons pas de données récentes pour pouvoir suivre l'évolution de ce domaine. Cependant, on peut supposer que le niveau de connaissance du persan devrait augmenter avec la transformation du mode de vie des Iraniens (urbanisation, développement des activités commerciales, etc.) et le progrès dans le domaine de l'alphabétisation. Alors que le taux des analphabètes était de 38% en 1986, il est de 26% en 1991. Le développement dans ce domaine est aussi considérable dans les provinces turcophones. Le taux de l'analphabétisme en Azerbaïdjan oriental a baissé de 53% en 1986 à 38% en 1991 et en Azerbaïdjan occidental, il a baissé entre ces mêmes années de 47% à 35%.

Ces données montrent que plus de la moitié des turcophones ne sachant pas parler le persan, sont unilingues. Dans ce cas, il est difficile de décrire cette situation par bilinguisme généralisé ou bilinguisme de masse [4], puisqu'il s'agit plutôt d'une situation d'unilinguisme en transition vers le bilinguisme.

Selon la thèse des sociolinguistes natifs, la *minorisation* de la langue non officielle est un processus inévitable dans des situations de contact [5]. Celle-ci consiste en la réduction du nombre des locuteurs de la langue maternelle non officielle, qui abandonnent massivement la pratique de leur langue en vue d'adopter la langue officielle. Peut-on interpréter le développement de la persanophonie comme un signe de la minorisation de la langue turque d'Azerbaïdjan ? Autrement dit, l'adoption du persan par une partie des turcophones signifie-t-elle l'abandon de la langue maternelle ?

L'analyse des données sur les pratiques des langues locales ne démontre aucun signe de régression des pratiques du turc. Au contraire, le nombre des turcophones a augmenté de 3 910 000 personnes en 1956, c'est-à-dire 20% de la population totale, à 15 576 000 en 1993, ce qui représente 27% de la population iranienne. Nous constatons donc, en 37 ans, une augmentation de la population turcophone de 7% par rapport au reste de la population.

Il s'agit donc d'une situation où, malgré l'adoption massive de la langue officielle, la langue maternelle est maintenue. Cependant, déclarer pouvoir parler une langue, ne veut pas dire que l'on en fait usage n'importe où, n'importe quand et avec n'importe qui.

---

3. Bernard Hourcade, *ibidem*, p. 424.
4. Georg Kremnitz, « Du "bilinguisme" au "conflit linguistique" : cheminement de termes et de concepts », *Langage*, mars 1981, n° 61, pp. 63-74.
5. Jean-Baptiste Marcellesi, « Bilinguisme, diglossie, hégémonie : problèmes et tâches », *Langage*, mars 1981, n° 61, pp. 5-11.

USAGES DU TURC D'AZERBAÏDJAN

Les enquêtes menées auprès de 305 sujets à Téhéran et à Salmas [6] nous démontrent l'existence d'une situation où les usages des langues sont stratifiés.

A Salmas, la ville la plus occidentale de l'Azerbaïdjan occidental, nous constatons, sans aucune surprise, que 84% des sujets parlent leur langue maternelle à la maison, contre 2% de réponses négatives. Par contre, nous ne pouvons pas cacher notre surprise devant le niveau de l'emploi du turc en dehors de la maison, avec 91% dans le quartier, 88% au bazar, 86% à l'école et 80% dans l'administration. Enfin, 75% des sujets à Salmas déclarent parler le turc d'Azerbaïdjan « partout », contre 25% qui ne le parlent pas partout. Si nous en enlevons les 14% de sujets non-turcs, nous constatons que 11% de turcs ne font pas usage de leur langue maternelle en tout lieu et en toute circonstance. Ce qui est important ici, c'est que l'usage du turc est préféré à celui du persan pour les communications interethniques : cela nous permet d'avancer que cette langue y possède un caractère véhiculaire.

Par contre, la situation à Téhéran est bien différente. Le taux des usages dans cette ville est de 81% à la maison, 49% dans le quartier, 48% au bazar, 33% à l'école, 28% dans l'administration. 29% des turcophones de Téhéran ne parlent le turc qu'à la maison et 10% ne le parlent «nulle part » contre 26% le parlant « partout ». Ici, le seul espace où le niveau d'usage est assez élevé est la maison, qu'il s'agisse là de l'unique lieu ou d'un lieu parmi d'autres où cette langue est employée. Ce niveau dépasse d'ailleurs largement le niveau du turc d'Azerbaïdjan déclaré comme langue maternelle par 74% des sujets. Cette différence peut être expliquée d'une part par les mariages mixtes et de l'autre, par le refus des locuteurs de déclarer le turc d'Azerbaïdjan comme leur langue maternelle. La raison de ce refus peut relever soit d'un phénomène d'insécurité linguistique [7], soit d'un phénomène d'étrangeté à sa propre culture [8]. Le chiffre de 29% concernant l'usage du turc uniquement à la maison est un autre indicateur significatif. Plus significative encore, est la baisse des usages, de plus de moitié, lors qu'on sort du cadre familial et la chute progressive à mesure que l'on est dans l'espace public.

Dans les domaines des usages, il semble que nous soyons en présence d'une situation diglossique. Il est vrai que la situation à Salmas est moins nette, mais celle de Téhéran est très claire. En effet, la langue maternelle n'est pas parlée en tout lieu et en toute circonstance, que ce soit à Salmas ou à Téhéran.

---

6. 195 personnes à Téhéran, (dont 74% ont déclaré le turc azéri comme langue maternelle) et 110 personnes à Salmas (dont 86% ont déclaré cette langue comme étant leur langue maternelle). L'une des questions posées était « où parlez-vous la langue turque azéri ? ».

7. Comportement sociolinguistique dû à la mauvaise compétence linguistique du locuteur.

8. Un rejet et une méconnaissance de la culture d'origine et de la langue d'origine. La personne (voire le groupe) rejette son identité culturelle, fantasme sur une assimilation totale dans la communauté visée.

Ces endroits, considérés comme non adaptés à l'usage du turc, sont des lieux à caractère officiel.

EMPLOIS FORMELS ET LITTERAIRES DU TURC D'AZERBAÏDJAN

La stratification des langues en place est plus nette pour ce qui concerne les rapports des langues du point de vue de leurs positions et de leurs fonctions formelles. En effet, malgré un léger développement de l'emploi formel et littéraire du turc depuis le début de la République Islamique[9], nous sommes toutefois dans un domaine de diglossie, caractérisé par l'institutionnalisation des statuts et des emplois des langues en place.

Sur le plan constitutionnel, tout d'abord, le persan et le turc ne relèvent pas du même statut. Il y a une stratification claire et nette entre ces deux langues : le persan est la langue officielle et nationale et le turc une langue non officielle et « régionale » (ou « ethnique »)[10]. Nous constatons d'ailleurs, à la lecture de l'article 15 de la constitution, que les emplois des langues sont officiellement planifiés et stratifiés : le persan est destiné à l'emploi dans tous les domaines, tandis que l'emploi des langues régionales est autorisé dans la presse ou les écrits de groupe, et l'enseignement de leur littérature dans les écoles, (mais) à côté du persan.

En réalité, l'Etat offre peu de moyens permettant la transmission et la diffusion formelles du turc : quelques heures hebdomadaires de diffusions télévisées et radiophoniques dans les provinces turcophones. Il ne faut pas cependant sous-estimer le développement de l'emploi littéraire du turc depuis quelques années, tant en volume de publications qu'en variété des domaines couverts. En effet, alors qu'on ne pouvait compter qu'une dizaine d'ouvrages publiés en turc avant la révolution islamique, le nombre d'ouvrages publiés depuis dépasse aujourd'hui largement le millier. Parallèlement, on constate, depuis quelques années, un timide élargissement des domaines de l'emploi littéraire du turc. Pratiquement toutes les publications concernaient le folkfore, jusqu'à ces dernières années, les autres domaines étant réservés au persan, même les écrits sur la langue turque. Depuis, la poésie et la linguistique se sont développées, les autres domaines restant toujours relativement pauvres.

Par ailleurs, l'emploi littéraire du turc d'Azerbaïdjan se fait jour dans la presse bilingue turco-persane, qui se développe à une vitesse considérable : nous avons compté 62 titres publiés depuis le début de la République Islamique, dont 20 sont diffusés à l'heure actuelle dans la province de l'Azerbaïdjan et à Téhéran. Par contre, il n'existe qu'un seul périodique qui soit unilingue en turc

---

9. Djavad Heyet, « Regression of Azeri Language and Literature under the Oppressive Period of Pahlavi and its Renaissance after the Islamic Revolution », Article pour la première conférence internationale des études turques, Indiana University, Bloomington, Indiana, 19-22 mai, 1983.
10. Article 15 de la constitution de la République Islamique d'Iran

(*Bayqoush*), tout le reste étant bilingue turc et persan ; le choix de la langue est d'ailleurs lié aux thèmes abordés.

En dehors du dispositif constitutionnel cité ci-dessus, il n'y a aucune structure institutionnelle qui permette l'élaboration de travaux linguistiques visant la normalisation et la standardisation de cette langue. Les travaux linguistiques de l'Académie de langue et littérature persanes, (*Farhangestân-e zabân va adab-e fârsi*) portent en général sur les langues iraniennes et en particulier sur le persan. En fait, c'est au sein de quelques associations culturelles que s'effectue la transmission du turc et les travaux sur la langue. En effet, plusieurs groupes turcophones élaborent des travaux linguistiques qui visent la standardisation et la normalisation de la langue, ainsi que, parallèlement, l'élargissement de ses domaines d'emploi. L'une des actions significatives menées dans ce domaine a été le « congrès de la langue turque », tenu en juin 2000 à Téhéran. Ce congrès souhaitait adopter un alphabet et une orthographe uniformes pour la langue turque. Cependant, la variété codifiée par les initiatives de ces groupes n'arrive pas à se standardiser faute de moyens et reste par conséquent une sorte de sociolecte des membres de ces groupes.

Le caractère diglossique de la situation est confirmé également par la nature conflictuelle des attitudes des protagonistes. En effet, face à cette attitude normalisatrice de certains turcophones se trouve celle qui s'oppose à toute sorte de référence à la langue turque. Les deux groupes antagonistes ont produit sur ce sujet une littérature assez riche contenant des thèses contradictoires sur l'histoire des Turcs de l'Iran et les origines de leur langue. Ces textes essayant, d'un côté, de nier les origines turques de la population turcophone, et de l'autre, de faire remonter l'histoire des Turcs en Iran à l'époque préhistorique, reflète parfaitement les termes du conflit [11].

INTERACTION DES LANGUES EN SITUATION DE DIGLOSSIE

En raison de la situation sociolinguistique dans laquelle se trouve le turc d'Azerbaïdjan, situation évoquée plus haut, cette langue illustre d'intéressante manière la substitution des langues en situation de diglossie. L'interaction des langues dans une situation de contact est incontestable, cependant elle se réalise d'une manière toute différente dans des situations diglossiques. Dans le cas de diglossie, il serait même impropre de parler d'interaction des langues, puisqu'il s'agirait là plutôt de l'action dans un sens unique, c'est-à-dire l'action d'une des langues sur l'autre [12].

---

11. Voir les livres de Zehtabi, *Iran Türklerinin Eski Tarikhi*, Akhtar, Tabriz, 1378 ; Ahmad Kasravi, *Zebân-e Pâk : âzari yâ zebân-e bâstân-e Azerbâyjân*, Ferdowsi, Téhéran, 1378.
12. Lambert-Felix Prudent, « Diglossie et interlecte », *Langage*, mars 1981, pp. 13-38.

Justement, bien que le turc d'Azerbaïdjan appartienne à une famille des langues typologiquement et génétiquement différente du persan, celui-ci a exercé une influence considérable sur cette langue, observable à tous les niveaux de sa structure. Par contre, l'influence du turc sur le persan est restée très modeste. Le turc d'Azerbaïdjan, appartenant au groupe ogouz des langues turques, possède une base de vocabulaire commune à toutes les langues turques, mais particulièrement aux langues de République d'Azerbaïdjan, de Turquie et au turkmène. Son vocabulaire contient aussi beaucoup de mots provenant des langues étrangères, comme le persan, l'arabe et d'autres langues européennes. La proportion de ces mots étrangers est si importante que certains linguistes iraniens décrivent le turc comme une langue mixte, constituée de mots appartenant à plusieurs langues, (d'où le nom *turc azéri*, qu'on lui donne parfois) [13]. Bien entendu, les mots persans y occupent une place de premier plan.

L'étude des emprunts persans dans la langue turque d'Azerbaïdjan pose des problèmes importants, non seulement parce qu'ils sont très nombreux, mais de plus parce qu'il est difficile de distinguer les emprunts proprement dits des interférences et des alternances [14]. Les exemples choisis ci-dessous nous permettent toutefois d'élucider l'importance des emprunts persans dans le vocabulaire du turc.

Pour ce faire, nous avons mené une enquête sur le vocabulaire de trois domaines différents (termes de parenté, termes techniques et termes de politesse). Dans le domaine de parenté, nous constatons que le turc a bien gardé la base de son vocabulaire : sur 25 termes de parenté, il a emprunté au persan seulement quatre termes : *xunavade*, *xale*, *dayi*, *amu* (qui sont devenus, respectivement : *xunavade*, *xala*, *dayı*, *emmi*). Les trois derniers termes sont empruntés d'ailleurs aussi au persan par d'autres langues turques.

Persan	Turc d'Azerbaïdjan	Français
1. ḥānevāde	xanevade	famille
2. pedar	ata	père
3. mādar	ana	mère
4. barādar	qardaš	frère
5. ḫᵛāhar	bajï	sœur
6. doḥtar	qïz	fille
7. pesar	oğlan	fils
8. ʿarūs	gelin	belle-fille

---

13. Mohammad Reza Kerimi, *Moqadame'i bar târix-e tahvalât-e zebân-e torki âzeri*, 1378, Zengân, Zenjân.
14. Ces dernières sont en effet des éléments linguistiques persans employés provisoirement dans la langue turque d'Azerbaïdjan et étaient dues à la mauvaise compétence des locuteurs dans leur langue maternelle et à des stratégies personnelles de communication.

9. dāmād	damad-küreken-bey	gendre
10. ʿamme	bibi	tante paternelle
11. ʿamū	emmi	oncle paternel
12. ḥāle	xala	tante maternelle
13. dāey	dayï	oncle maternel
14. mādar-šohar	qaynana	belle-mère
15. pedar-šohar	qaynata	beau-père
16. barādar-šohar	qayïn	beau-frère
17. ḥāhar-šohar	baldïz	belle-sœur
18. mādar-zan	qaynana	belle-mère
19. pedar-zan	qaynata	beau-père
20. ḥāhar-zan	baldïz	belle-sœur
21. barādar-zan	qayïn	beau-frère
22. ḥāhar-zāde	bacï-oġli (qïzï)	neveu - nièce
23. barādar-zāde	qardaš-oġli (qïzï)	neveu - nièce
24. pedar-bozorg,	baba-böyükdede	grand-père
25. mādar-bozorg	böyüknene-nene	grand-mère

Par contre, les 23 termes techniques faisant partie de notre enquête sont tous empruntés au persan, sans aucune exception. (Nous considérons ici les mots d'origines arabes comme des emprunts persans, puisqu'ils sont reçus par le turc à travers le persan ou sous leurs formes persanisées). Ces emprunts ne sont d'ailleurs nullement intégrés dans la langue turque, ils sont employés tels quels comme faisant partie de cette langue.

Persan	Turc d'Azerbaïdjan	Français
26. māšīn	mâšin	voiture
27. īstgāh	istgâh	arrêt
28. kart-e aʿtebārī	kart-e etebâri	carte de crédit
29. ček-e mosāferatī	ček-e mosafarati	chèque
30. post-e forī	post-e fori	chronoposte
31. jarū-barqī	jarû-barqi	aspirateur
32. māšīn-e lebās-šū'ī	mâšin-e lebas-šû'i	machine à laver
33. māšīn-e zarf-šū'ī	mâšin-e zarf-šû'i	machine à laver la vaisselle
34. rūznāme	rûznâme	journal
35. majalle	majalle	revue
36. yaḥčāl	yaxčal	réfrigérateur
37. mīz	miz	table
38. telefon	telefon	téléphone
39. dānešgāh	dânešgâh	université

40. dāneš jū	dânešû	étudiant
41. dāneškade	dâneškade	faculté
42. ojāq-gāz	ojaq-gâz	cuisinière à gaz
43. fūrūdgāh	fûrûdgâh	aéroport
44. havapeymā	havapeymâ	avion
45. 'aynak	'aynak	lunette
46. kārḥāne	kârxâne	usine
47. telefon-e hamrāh	telefon-e hamrâh	mobile

Concernant les termes ou expressions de politesse, nous sommes dans un autre domaine de l'emprunt. Pour les 18 expressions travaillées, nous avons obtenu des expressions calquées sur le persan, parfois avec des éléments lexicaux empruntés. Il n'existe aucune expression qui ne soit calquée sur le persan. Ce domaine est particulièrement intéressant parce qu'il démontre un phénomène très important, qui concerne l'intégration du champ sémantique de la langue prêteuse par la langue receveuse. C'est-à-dire qu'avec ces calques, il s'agit en même temps de la fusion des comportements culturels des peuples en contact.

Persan	Turc d'Azerbaïdjan	Français
48. ḥaste nabāšīd	yorulmayasïz	bon courage
49. dast-e šomā-ra mībūse	elizden öpür	il vous embrasse la main
50. dast-e šomā dard nakone	elleriz agrimasin	que vos mains ne vous fassent pas mal
51. zahmat kešīdīd	zahmet čekdiz	vous vous êtes fatigué
52. zende bāšīd	yašayasïz	vivez
53. dowr-e saret mīgardam	bašïva dolanïm	je tourne autour de ta tête
54. qorbān-e šomā	qorban size	que je sois sacrifié pour vous
55. fadāt šam	fedan olam	je suis dévoué à vous
56. qābelī nadāre	qabili yoxdi	cela n'a pas de valeur
57. mehmūn-e man bāšīn	mene qonaq olun	je vous l'offre
58. qam-e āḥaretūn bāše	axïr qamïz olsun	que ce soit votre dernière épreuve
59. ḥodā be šomā ṣabr bede	allah size sabïr versin	que Dieu vous donne la patience !
60. jāaš ḥālī nabāše	yeri boš olmasïn	que sa place ne soit pas vide
61. qadem-e nowresīde	now-residenin qademi	félicitations (pour le

mobărak	mübarek	nouveau né)
62. nŭš-e jăn,	nuš-e jan	bon appétit
63. 'ăfiyat băše	afiyet olsun	à vos souhaits
64. češm-e šomă rowšan	gözleriz aydïn	la prunelle de vos yeux
65. bebaḫšĭd pošdam be šomăs	bağïšlayïn dalïm sizedi	Je m'excuse de vous tourner le dos

Un nouveau phénomène à signaler dans ce domaine est le remplacement massif des mots anciennement empruntés au persan par les mots turcs de Turquie. Ceux-ci sont particulièrement nombreux dans la langue écrite. Cela peut être expliqué en partie par la réaction puriste des locuteurs envers les emprunts persans. Le texte présenté ci-dessous montre l'importance de ce phénomène [15]. Ici, nous sommes en présence d'emprunts lexicaux faits à plusieurs langues différentes, dont les emprunts au turc de Turquie sont plus significatifs. Seuls 20 mots sur 37 sont d'origine turque d'Azerbaïdjan, 9 sont turcs de Turquie, 6 arabo-persans, 1 russe, 1 ouzbek.

« Medeni **toplum** » <u>ve</u> « <u>medeniyetler</u> danïšïğï » **anlamï čerčevesinde** yenede İran *biliyurdlarïnïn* birisinde **öyrenji** adlı **dergi yayïlmağa** bašlayïr. « <u>Milli-medeni</u> » **düšünjenin** čičeklenmesi *prosesinde* buda **yeni** bir addïm sayïlabiler. Öz <u>milli-medeni</u> varlïğïmïzï tanïyïb, tanïtdïrmaq <u>ve</u> ondan <u>müdafe'e</u> etmek yolunda bir **durumun** <u>meydana</u> gelmesine yaxïndan <u>šahidik</u>.

CONCLUSION

Pour conclure notre propos, nous pouvons dire que la situation sociolinguistique du turc d'Azerbaïdjan ne relève pas d'un bilinguisme de masse, le bilinguisme, certes en essor, étant toujours un phénomène individuel et régional. D'autre part, la pratique du turc est trop élevée pour parler de l'existence d'un processus de *minorisation*. En effet, le développement de la pratique du persan n'entraîne pas pour l'instant l'abandon massif de la langue maternelle.

Cependant, pour la plupart des locuteurs, les usages du turc d'Azerbaïdjan sont limités à des espaces familiers et à des domaines informels, les espaces officiels et les domaines formels étant réservés au persan. Comme, d'ailleurs, l'apprentissage de la langue maternelle se fait dans la famille et celui du persan à l'école, la description de cette situation par *diglossie* nous semble pertinente. Cette situation diglossique étant aménagée par des règles constitutionnelles, elle doit être décrite ensuite par *diglossie institutionnalisée*. Par contre, cette

---

15. Mohammad Taqi Sattari, « Öyrenci Baxïšı », *Öyrenci*, (Revue des étudiants azerbaïdjanais de l'Université Polytechnique de Téhéran), 1379, n° 3, p. 2.

situation diglossique semble être instable, puisque le turc commence à pénétrer dans les domaines réservés jadis au persan et que les activités normalisatrices du turc d'Azerbaïdjan sont bien réelles. Nous sommes donc en présence d'une situation allant vers la *normalisation* du turc d'Azerbaïdjan et non pas vers sa *minorisation*.

La situation de diglossie institutionnalisée instable a des répercussions sur la structure de cette langue, expliquées par l'influence du persan. En effet, l'emprunt massif des lexiques et des champs sémantiques du persan dans la langue turque entraîne son immixtion avec le persan. Même si ce phénomène est considéré par certains linguistes comme un signe de déclin des langues receveuses, il ne faut pas oublier que l'emprunt est aussi un signe d'enrichissement de la langue, notamment, celui de son potentiel expressif.

REFERENCES

ÂL-AHMAD, Jalâl, « Rowshanfekrân va moshgel-e zabân-e torki », *Varliq*, n° 72-1, avril-mai 1989, pp. 19-32 (extrait d'un passage tiré du livre de l'auteur : dar xedmat va xeyânat-e rowshanfekrân, Tehran, Ravâq, 1343)

AMÂNI, Mehdi, « Kârbord-e zabânhâ-ye mahalli dar Irân », *Nâme-ye 'oloum-e ejtemâ'i*, n° 12, 1377, pp. 33-50

DOERFER, G., « Azeri (Âdarî) Turkish », in: *Encyclopaedia Iranica*, Vol III, Fascicle 3, London and New York, Routledge & Kegan Paul, pp. 245-248.

DOERFER, Gerhard, *Türkische und Mongolische Elemente im Neupersischen*, Franz Steiner Verlag GMBH, Wiesbaden 1975, 640 p.

FISHMAN, J.A., *Sociolinguistique*, Paris, Fernand Nathan, Labor, 1971.

GARDY, Philippe, « La diglossie comme conflit : l'exemple occitan », *Langage*, mars 1981, pp. 75-91.

HEY'AT javâd,
   – *Târix-e zabân va lahjehâ-ye torki*, Téhéran, 1366 (87)
   – « Regression of Azeri Language and Literature under the Oppressive Period of Pahlavi and its Renaissance after the Islamic Revolution », Article pour la première conférence internationale des études turques, Indiana University, Bloomington, Indiana, 19-22 mai, 1983.

HOURCADE, Bernard, « Qui parle persan en Iran ? », *Hommes et terres d'Islam : mélanges offerts à Xavier de Planhol*, Téhéran, Institut Français de Recherche en Iran, 2000, pp. 419-434.

KARIMI, Mohammad Rezâ, *Moqadame'i bar târix-e tahvolât-e zabân-e torki âzari*, 1378, Zangân, Zanjân, 60 p.

KASRAVI, Ahmad, *Zabân-e Pâk: âzari yâ zabân-e bâstân-e Azarbayjân*, Firdows, Téhéran, 1378, 296 p.

KREMNITZ, Georg, « Du "bilinguisme" au "conflit linguistique": cheminement de termes et de concepts », *Langage*, mars 1981, pp. 63-74.

LAFONT, R., « La privation d'avenir ou le crime contre les cultures », *Langue dominante, langues dominées*, Edilig, Paris, 1982.

MACKEY, W.F., « La mortalité des langues et le bilinguisme des peuples », *Anthropologie et société*, 7(3), pp. 3-23.

MARCELLESI, Jean-Baptiste, « Bilinguisme, diglossie, hégémonie : problèmes et tâches », *Langage*, mars 1981, no. 61, pp. 5-11.

NÂTEQ, Naseh, *Zabân-e Azarbâyjân va Vahdat-e Melli-ye Irân*, 1358 (1980), Téhéran, 115 p.

PERRY, John, « Language Reform in Turkey and Iran », *International Journal of Middle Eastern Studies*, 17, pp. 295-311.

PRUDENT, Lambert-Felix, « Diglossie et interlecte », *Langage*, mars 1981, pp. 13-38.

RAHIM REZÂZÂDE, Mâlek, *Guyeş-e âzeri*, Téhéran, Anjoman Farhang Iran Bastan, n° 6, 189 p.

SADR, Ziyâ, *Kesrat-e Qovmi va Hoviyet-e Melli-ye Irâniân*, Téhéran, Endişe-ye Now, 1377, 112 p.

SELIMI, Hoseyn, *Resm-ol xattımız haqqında*, Tabriz, Esmer, 2000, 160 p.

STACHOWSKI, Marek, *Languages and Culture of Turkic Peoples*, Studia Turcologia Cracoviensia 5, Krakow, 1998, 310 p.

XOUDIOGLOU, Nezami, *Azerbayjan edebi dili tarixi (Ses-Sarf)*, Keyhan, Tabriz, Eldâr va Ashina, 1370 (91), 355 p.

Philippe BLACHER

AU CARREFOUR DES CIVILISATIONS, SAVOIR REPRENDRE A L'UN CE QUE L'ON VA OFFRIR A L'AUTRE : FLUX ET REFLUX LINGUISTIQUES AU PAYS DES TURKMENES

On peut être perdu au cœur des steppes de l'Asie Centrale et faire l'objet d'un mouvement de flux et de reflux linguistiques. On peut aussi être citoyen d'une république numériquement faible (4,3 millions d'habitants, soit une densité inférieure à 10 habitants au km^2), et faire l'objet d'une cour effrénée de grands courants linguistiques. Enfin, on peut être à des milliers de kilomètres d'une culture dominante avec laquelle on n'a jamais été en contact direct et s'en imprégner chaque jour un peu plus. C'est en tous les cas positivement que le Turkménistan et les Turkmènes répondraient à ce « quiz » sur les courants linguistiques qui traversent ce vaste et potentiellement riche pays du continent asiatique.

Le propos de notre article est d'illustrer les différents courants de langues qui ont traversé le Turkménistan et de tenter de définir les contours linguistiques du Turkménistan de demain, et les intérêts géopolitiques ou économiques qui en découlent. Nous verrons donc les différents flux ou axes qui apportent à leur passage (et à leur disparition) une nouvelle dimension culturelle au pays.

1er AXE : LE TURKMÈNE, LANGUE ETHNOLOGIQUE

Les Turkmènes, peuple issu des tribus oghouz et qui s'est implanté au Nord de la mer d'Aral, parlent un ensemble de dialectes qui appartient au rameau occidental de la famille des langues türk, qui ont pour spécificité de partager une communauté grammaticale et syntaxique du lexème :

Racine + Suffixe de dérivation + Désinence

C'est sur cette base et revendication identitaire ancestrale que le pouvoir en place, inchangé depuis l'indépendance en automne 1991, revendique aujourd'hui une turkménisation légitime du pays. Or, quand on sait combien la langue russe a été celle de l'éducation, de l'économie et de la politique, il s'agit pour de nombreux Turkmènes d'un ré-apprentissage de la langue de leurs ancêtres plutôt que d'une mise en pratique systématique d'une langue qu'ils connaissent d'ailleurs fort mal.

On verra par ailleurs que l'écriture du turkmène a été étroitement liée aux changements politiques qui ont façonné le pays au cours de l'histoire. Dès le

VIe siècle, les peuples türk avaient adopte un alphabet runique, dit aussi de l'Orkhon, du nom du fleuve qui traverse le nord de la Mongolie. Différents alphabets se sont alors succédé en fonction des envahisseurs. On a ainsi retrouvé des textes et stèles écrits en caractères manichéens, syriaques, sanscrits ou en signes tibétains.

2e AXE : L'ISLAM ET LE DÉVELOPPEMENT DE L'ARABE ET DU PERSAN :

Avec l'adoption de l'Islam entre le Xe et le XVe siècle, la langue turkmène a été écrite jusqu'en 1920 en alphabet arabo-persan. Bien que l'arabe soit la langue sainte (coranique), l'élite turkmène et les poètes (dont Magtymguly, au XVIIe siècle), ont préféré le persan à l'arabe dans les correspondances, poèmes, récits ou rapports administratifs. Cet usage du persan s'explique par la proximité géographique des persanophones, mais également par l'éclat de la poésie persane dont les retombées ont atteint les bords de l'Amou daria. Au cours du XVIe siècle, les Turkmènes sont pris dans les conflits qui secouent la Perse séfévide et les khanats ouzbeks et deviennent, au fil de l'histoire, les pions de l'une ou des autres.

3e AXE : LE SYSTÈME COLONIAL ET L'ENTRÉE DU RUSSE DANS LA RÉGION

Dernière région du Turkestan à passer sous influence russe, c'est entre 1879 et 1885 que le Turkmenistan est intégré à l'empire tsariste, puis en 1925 à l'Union soviétique. Après le congrès de Bakou [1] en 1926, dans une Union soviétique où l'on désirait exporter la révolution bolchevique, le turkmène a été latinisé une première fois pour faciliter la lecture par des intervenants étrangers, notamment Turcs. L'alphabet turkmène était alors proche de celui adopté par la république kémaliste, avec toutefois des différences marquantes : le -ç et le -c avaient des prononciations opposées en Turquie et au Turkménistan. Les voyelles longues étaient marquées par un redoublement : aa, oo, uu, etc...

Les Turkmènes, peuple de culture et de tradition nomades, ont été soumis à plusieurs décennies de russification, renforcée par la politique soviétique de sédentarisation et collectivisation qui a culminé dans les années 30. La langue russe, contrairement à l'arabe et au persan, ne voisine pas avec le turkmène, mais s'impose comme la langue de la culture, celle de l'économie et surtout

---

1. Congrès des Soviets pour la construction de l'économie et de l'idéologie soviétiques. *Posobie po istorii SSSR* [manuel d'histoire de l'URSS] (Ministère de l'éducation de l'URSS, Moscou, Vyshaya Shkola, 1987).

comme celle du pouvoir. Là où les Soviétiques ont échoué (comme dans les pays baltes ou en Géorgie), ils ont réussi à intégrer la co-existence du turkmène et du russe dans une échelle de valeur où le russe apparaissait comme la langue du dominant, et le turkmène, comme celle du dominé.

Le carrefour linguistique de ces entités culturelles (turkmène, persane et russe) trouve son paroxysme dans de nombreuses situations, dont, à titre d'exemple, la mesure du temps ; en effet, en turkmène standard, le système numéral est türk : *bir* (un), *iki* (deux), *üç* (trois), *drt* (quatre), *bäş* (cinq), *alty* (six), *edi* (sept), *sekiz* (huit), *dokuz* (neuf), *on* (dix) ; les jours de la semaine sont en persan : *duşenbe* (lundi), *sişembe* (mardi), *çarşenbe* (mercredi), *peşenbe* (jeudi), *anna* (vendredi), *şenbe* (samedi), *y'ekşenbe* (dimanche), et les mois sont en russe : *anwar* (janvier), *fewral* (février), *mart* (mars), *aprel* (avril), *ma* (mai), *ion* (juin), *iul* (juillet), *awgust* (août), *sentabr* (septembre), *oktabr* (octobre), *noabr* (novembre), *dekabr* (décembre)

Dans un souci tout à la fois d'éradication du persan, de minoration de l'islam, et d'un glissement plus facile vers une intégration du russe, les Soviétiques (particulièrement durant les années staliniennes), ont abandonné les tentatives ratées de latinisation de l'alphabet pour renforcer la cyrillisation des langues d'Asie Centrale (entre 1939 et 1940), dont bien entendu le turkmène. (On notera que le Géorgien, l'Arménien et les langues baltes n'ont pas eu à subir cette modification drastique de la graphie, ce qui, à l'implosion de l'URSS, a permis un retour plus facile à la langue nationale dès l'indépendance).

Tandis que les républiques musulmanes d'URSS se voient imposer le cyrillique, la jeune république de Turquie conserve son alphabet latin, ce qui aura pour conséquence d'éloigner pendant plus de 70 ans, en plus des clivages politiques, ces langues cousines.

Parallèlement à la russification de la république, les images officielles offrent un contexte idyllique au turkmène comme langue nationale : il existe ici et là un affichage public bilingue, des écoles primaires turkménophones et une presse en langue turkmène. Concrètement, aucun manuel scolaire de l'éducation supérieure n'existe en turkmène, et la langue du secrétariat national, de l'armée et de l'administration, de la médecine ou de la ville reste le russe. Ainsi, d'un rapport dominant/dominé, la diglossie russe/turkmène prendra la nature d'un clivage urbain/rural. Cette politique de plus de 70 ans laminera en profondeur l'arabe et le persan.

4e AXE : LE RETOUR DU TURKMÈNE COMME LANGUE IDENTITAIRE

C'est en 1991 que sonne la fin du pouvoir soviétique au Turkménistan avec la proclamation de l'indépendance. Le Président Nyazow qui prend immédiatement les rênes du pays dote son jeune état des signes extérieurs de l'indépendance : une monnaie (un peu après l'abandon du rouble pour le manat), un hymne, un drapeau, un siège dans les principales organisations internationales et une langue nationale : le turkmène. Ce volant politique s'accompagne d'une marginalisation du russe et d'un « relookage » de la langue turkmène pour lui rendre une noblesse qui était jusqu'alors conférée au russe. Afin de bien marquer la différence, jusque dans la graphie, entre le russe et le turkmène, on latinise l'écriture de la langue dans la hâte et la précipitation, en adoptant des signes diacritiques et symboles farfelus que la raison politique (pression de la Turquie pour exporter clef en main son alphabet et ses lycées) mais également informatique oblige à réformer en 1997. Parallèlement à ces bouleversements graphiques, le corpus lexical est également chahuté par la décision administrative d'abandon des lexèmes russes (très nombreux !) au profit de néologismes turkmènes ou au retour à des mots persans qui avaient disparu au cours du XXe siècle. En octobre 1995, le Président Nyazow s'exprimant devant les membres de l'Académie des sciences, déclarait pourtant qu'il souhaitait une coexistence pacifique de trois langues au Turkménistan : le turkmène, le russe et l'anglais. La réalité est bien différente, car de nombreux Russes ont quitté le pays pour tenter une vie plus prospère en Russie, et les Turkmènes regardent à présent leur langue avec curiosité : avec les multiples opérations chirurgicales qu'elle subit, la langue turkmène (par sa graphie et son corpus sans cesse modifié) devient un élément étranger pour les Turkmènes... qui trouvent paradoxalement dans la langue russe une valeur refuge!

De leur côté, les autorités iraniennes, voyant dans ce nouveau voisin septentrional une possibilité d'expansion politique et culturelle, se sont empressées de signer de nombreux accords économiques, et de financer la création d'une grande maison d'édition pour promouvoir l'enseignement et l'apprentissage du persan. L'Institut des Langues du Monde, nouvellement *Institut Azady,* a ouvert un département de persan fréquenté par une petite poignée d'étudiants, exclusivement masculins. Bien qu'Achgabat ne soit qu'à une trentaine de kilomètres de l'Iran, l'influence culturelle de Téhéran demeure très limitée : pas de journaux iraniens, et les programmes de la télévision iranienne arrivent en images floues à Achgabat, où les antennes paraboliques sont d'avantage orientées vers des programmes russophones ou turcophones. Quant à l'anglais, il est sans doute ici comme ailleurs le grand vainqueur de cette brèche ouverte...

5e AXE : LANGUE DU RÊVE : L'ANGLAIS

Force est de constater que dans un processus de mondialisation, l'«*american way of life* » se propage chaque jour, apparaissant comme une des meilleures exportations de l'Occident dans la sphère de l'intimité. Par l'intermédiaire des medias, de l'internet, de la musique, du dollar, de la restauration rapide et des canons de l'esthétisme, par les circuits touristiques ou les guides spécialises, le monde entier se familiarise avec les styles de vie et les comportements occidentaux qui deviennent à leur tour, sauf rares exceptions, le porte-drapeau de l'identité standardisée « universelle ». Cette dernière a un impact social important puisqu'elle combine profits économiques et modèles culturels, les associant au plaisir et au désir. Aussi, à Achgabat comme dans d'autres capitales d'Asie Centrale, voit-on de nombreux jeunes arborer des vêtements américains (jeans, casquette à l'effigie de clubs sportifs américains), et délaisser les mélopées nationales au profit de rythmes de *rap*, *grunge*, *funky*, *groove*, *techno* ou *dance*. Cette démarche acoustique est également accompagnée d'une gestualité nord-américaine, le *body langage* (façon de marcher, de balancer les bras), et bien entendu d'une importation massive de termes américains qui rendent l'Amérique et son rêve sans doute plus accessibles aux Turkmènes. Parmi les Turkmènes qui virent a l'anglomanie, nombreux sont ceux qui semblent avaliser comme bon et libérateur tout concept venu d'Occident. Le gouvernement américain, par l'intermédiaire de ses peace-corps, ou soldats de la paix, jeunes américains envoyés dans les nouvelles républiques d'Asie Centrale pour prêcher la bonne parole, assure un relais privilégié pour la diffusion de la culture (ou sous-culture) américaine.

CONCLUSION

Face à ces bouleversements linguistiques, on peut alors s'interroger sur les futurs contours phoniques des Turkmènes : le retour aux valeurs de l'Islam est strictement encadré par le pouvoir politique qui veut éviter une dérive à l'afghane, et canalise donc l'enseignement et l'apprentissage de l'arabe. Le persan reste la langue du voisin, apprise de façon marginale par une poignée de jeunes étudiants ; le turkmène est officiellement la langue nationale, mais ressemble aujourd'hui à un rébus pour les Turkmènes qui la redécouvrent. Sans doute les prochaines générations, latinisées, s'écarteront-elles progressivement du russe, langue des « anciens » pour offrir une place plus noble à l'anglais, langue du dollar et de l'avenir pour de nombreux jeunes Turkmènes.

Quel que soit le futur linguistique de cet Etat gazier de l'Asie Centrale, ici comme ailleurs le pouvoir de la langue sera le pouvoir politique. Et que ce soit la Russie, l'Iran, la Turquie ou les Etats-Unis, tous l'ont bien compris et se livrent aujourd'hui une bataille culturelle dont les Turkmènes seront, fidèles à leur passé, un syncrétisme réussi.

Catherine POUJOL

LANGUES DE POUVOIR, POUVOIR DES LANGUES ; L'ENJEU LINGUISTIQUE AU CŒUR DES TRANSITIONS

La propos de cette communication est d'étudier l'évolution de l'enjeu linguistique en Asie centrale à la lumière des trois dernières périodes de transition qui fondent la spécificité de la région, soit la colonisation russe, la révolution de 1917 et l'accession à l'indépendance. Trois situations linguistiques seront comparées pour éclairer les liens ou les contraintes qui ont existé et qui existent entre majorité et minorités, par delà le renouvellement de ces dernières. On tentera ainsi de dégager les ruptures et les continuités qui se produisent et perdurent selon leurs rythmes propres, en décalage avec les événements historiques qui semblent pourtant marquer les temps forts de leur époque.

CONSIDÉRATIONS THÉORIQUES PRÉLIMINAIRES :

Nous prendrons comme cadre de réflexion la posture théorique de Claude Hagège, professeur au collège de France pour définir les relations entre langue et pouvoir : La langue est un outil, un organisme vivant soumis à diverses influences, parmi lesquelles l'action des individus, des Etats peut être décisive. La langue est un instrument de transmission du savoir et de conservation de la mémoire. Les cinq points suivants peuvent permettre d'éclairer les relations entre langue et pouvoir, d'un point de vue général qui peut ensuite être appliqué à l'aire culturelle qui nous intéresse.

1) C'est le pouvoir politique qui crée la législation en matière de langue.

Il faudrait donc étudier précisément le cadre juridique (formel ou non, écrit ou non) dans lequel sont placées les langues d'Asie centrale depuis la création du Turkestan russe jusqu'à l'indépendance.

2) Le pouvoir politique utilise la langue comme instrument de sa politique.

Ces deux premières propositions sont liées. En Asie centrale, il faut tenir compte de la situation linguistique qui se manifeste à chaque rupture de pouvoir, l'acculturation par la langue, la question du bilinguisme ouzbek/tadjik par exemple, la réforme des alphabets. Il faudrait étudier également les incidences de la politique linguistique sur l'émigration, notamment au

Kazakhstan et au Kirghizstan (voir site internet du Forced Migration Project de l'Institut Soros de Budapest : www.osi.hu/fmp.org).

3) La langue elle-même, dans ses structures lexicales, voire syntaxiques renferme des traces concrètes de dénomination du pouvoir.

Par exemple, le mot russe Etat, *gosudarstvo*, contient la racine « souverain », *gosudar'*, tout comme *xanlyk* en ouzbek. Ainsi, le terme Etat s'identifie à la puissance de l'Etat.

4) Inversement, la langue (tout comme l'alphabet) influe sur les modes de pensée.

En Asie centrale, l'histoire coloniale a montré que dans un premier temps la politique de russification par le biais de l'enseignement (lycées russo-indigènes) cherchaient à attirer les nouvelles générations dans le giron de la Russie et de l'orthodoxie. Mais, lorsque les élites musulmanes réformistes ont sérieusement milité pour l'unification des turcophones musulmans à travers la création d'une langue unique et l'idéologie panturquiste, le pouvoir russe a changé de stratégie et a favorisé l'usage des parlers turcophones divers ainsi que leur mise à l'écrit sous la forme d'une langue littéraire, ce qui sera repris par les linguistes soviétiques.

5) Le rôle du pouvoir est aussi essentiel dans la régulation entre la langue de la majorité et les langues minoritaires.

Les trois transitions qui nous occupent en donnent des exemples précis.

TROIS SITUATIONS LINGUISTIQUES ENTRE MAJORITE ET MINORITE

I) Au moment où la région passe sous domination russe, la situation linguistique au Turkestan se caractérise déjà par un plurilinguisme séculaire:

-l'arabe est utilisé à des fins religieuses par les ulémas.

-le persan est la langue de l'administration à Boukhara et à Kokand, la langue des lettrés, celle aussi d'une partie de la population sous une forme spécifique appelée le sarte, et enfin celle d'une minorité religieuse particulière, les Juifs de Boukhara qui parlent le judéo-tadjik.

-les parlers turciques se côtoient, regroupés pour la population des oasis sous le terme de *turki*, désignant une nébuleuse de langues et dialectes issus du vieux tchagataÿ et dialectalisés selon un ancrage régional attendu. En définitive, tout habitant des oasis du Turkestan est bilingue pour assurer sa socialisation et ses échanges professionnels.

De la même façon, on peut parler d'une sorte de bilinguisme étatique pour définir le couple linguistique utilisé par le pouvoir traditionnel des oasis : le persan pour les actes juridiques et les documents écrits en général, à l'exception du khanat de Khiva qui a abandonné le persan dès la période chaybanide au profit du tchagatay, et le *turki* pour l'expression orale.

L'arrivée du russe, langue du nouveau pouvoir va s'effectuer de façon progressive : par la transformation du système éducatif, par l'installation de colons en nombre croissant, par l'apparition de la presse, d'abord en russe, puis en langue vernaculaire.

En fait, l'incidence la plus pertinente du facteur russe durant cette première transition se mesure en terme politique : les autorités russes ont préféré disperser les « énergies linguistiques » des turcophones par crainte de leurs velléités unitaires (le panturquisme des réformistes tatares) en poussant les intellectuels locaux à développer leurs parlers propres. Ainsi, le célèbre réformiste Gaspiraly, lui même, s'en est plaint à maintes reprises, comprenant parfaitement la stratégie russe de promotion du tatare, du kirghize, du turkmène etc... plutôt que de permettre l'apparition d'une langue turque commune (compréhensible par les bateliers du Bosphore et les bergers kirghizes, selon les termes du journal *Terjüman* fondé par Gaspiraly), stratégie qui sera reprise et poursuivie par les autorités soviétiques.

II) Au moment où éclate la révolution de 1917 au Turkestan, le champ politique est agité par tous les courants qui se diffusent depuis la Russie, mais également, la Turquie, l'Iran, l'Inde et les pays arabes. La revendication linguistique des « dominés » se confond avec celle réclamant l'autonomie, voire l'indépendance.

Du point de vue du nouveau pouvoir, une continuité notoire se manifeste dans la stratégie utilisée pour empêcher l'union politique des musulmans turcophones et iranophones : seuls les moyens rhétoriques et techniques changent. Ainsi, le fameux « droit des peuples à disposer d'eux-mêmes », fer de lance du léninisme va-t-il servir à légitimer la création d'Etat-nations socialistes dotés d'une identité linguistique propre. En revanche, l'obligation imposée en 1926 de latiniser l'alphabet arabo-persan qui servait à transcrire les langues d'Asie centrale, puis de le cyrilliser en 1939-1940 constitue une rupture qui poursuivra ses visées propres selon l'évolution de la conjoncture politique (notamment au moment du débat sur la souveraineté, 1989-1990).

Il n'est donc pas étonnant qu'apparaisse un décalage chronologique notoire en ce qui concerne la généralisation de l'usage du russe comme langue véhiculaire obligatoire votée en 1938 seulement. Ce n'est que dans les années 70, lorsque les linguistes soviétiques prennent la mesure de la persistance des parlers vernaculaires (sauf au Kazakhstan où la situation démographique a longtemps été défavorable aux Kazakhs) au détriment du russe, qu'ils inventent le concept de « russe, deuxième langue maternelle ».

Ainsi, jusqu'à la fin de la période soviétique, on assistera à un double phénomène antinomique mais concomitant : le renforcement progressif de la langue russe comme langue de communication entre les différentes populations russes et non-russes de l'URSS, le maintien des langues éponymes (dans une moindre mesure chez les Kazakhs urbanisés) au détriment des langues minoritaires dans les Républiques Fédérées.

III) La disparition du pouvoir soviétique précédée de la période cruciale de la perestroïka où les revendications linguistiques ont été primordiales et reconnues juridiquement[1], change radicalement la donne. Une véritable situation de rupture s'instaure, comparable en certains points à ce qui a pu être observé pour la décolonisation française par exemple. Elle est marquée par le recul dans certains domaines (signalétique urbaine, noms des rues, des villes, programmation des chaînes de TV et radio) et la persistance dans d'autres du média linguistique anciennement dominant : le russe, par delà les discours nationalistes. Elle révèle également un activisme politique qui cherche à renforcer la position juridique de la langue éponyme, stratégie « héritée » de l'opposition démocratique et récupérée par le nouveau pouvoir, sans que les effets au sein de la population soient encore très spectaculaires.

Du point de vue juridique la situation se présente comme suit : au Turkménistan, la parité du russe et du turkmène s'est maintenue jusqu'au 1er janvier 1994, date à laquelle le turkmène, langue d'Etat depuis 1990, a conservé seul son statut de langue administrative. Tous les documents rédigés doivent l'être en turkmène, les nouveaux passeports sont édités en turkmène et en anglais.

Dans la nouvelle constitution de l'Ouzbékistan votée au lendemain de l'indépendance (publication à Tachkent en 1993), c'est l'article 4 qui stipule que :

> « la langue d'Etat de la république d'Ouzbékistan est la langue ouzbèke. La république d'Ouzbékistan garantit une attitude respectueuse envers les langues, les coutumes et les traditions des nations et des nationalités vivant sur son territoire, et crée les conditions de leur épanouissement ».

La langue russe n'est pas du tout mentionnée, mais l'article 273 intitulé « langue dans laquelle est faite l'instruction des délits administratifs » précise que la langue utilisée dans ces circonstances est l'ouzbek, le karakalpak (pour intégrer la question de l'ex-république autonome du Karakalpakistan, aujourd'hui unilatéralement proclamée souveraine), et dans toute autre langue parlée par la majorité de la population d'une localité précise.

---

1. Voir mon article « Langues et pouvoirs en Asie centrale post-soviétique », in : *Actes du Colloque en l'honneur du bicentenaire de l'INALCO*, Paris, 1995.

La constitution kazakhe (version 1993) stipulait dans son article 8 que la langue d'Etat de la république du Kazakhstan était le kazakh, et que le russe était la langue de communication inter-ethnique. Elle a été remplacée par une nouvelle constitution le 6 septembre 1995 dont l'article 7, tout en n'infirmant pas que le kazakh soit la langue d'Etat du Kazakhstan, confère à la langue russe un statut d'égalité dans les organismes gouvernementaux et dans les organes d'administration locale, à côté du kazakh.

Enfin, la constitution kirghize votée à la 12e session du Soviet Suprême de la république, le 5 mai 1993 semble la plus souple sur cette question. L'article 5, tout en stipulant au premier alinéa que le kirghize est la langue d'Etat garantit à l'alinéa 2 le fonctionnement et le développement de la langue russe ou de toute autre langue utilisée par les populations du pays. Depuis, le président Akaev a soutenu un amendement à la constitution pour doter le russe du statut de langue officielle à côté de la langue d'Etat, sans qu'aucune clarification sur la signification de ces termes respectifs n'ait été apportée. A l'image de la situation politique et économique, il semble qu'une certaine crispation se soit depuis manifestée. Cette nouvelle loi sur la langue officielle est en cours d'adoption depuis avril 2001. Paradoxalement elle stipule dans l'article 11 que tout chef de l'administration d'Etat devrait passer un examen en kirghize (les Kirghizes constituant actuellement 58% de la population, pour 13% d'Ouzbeks).

Une telle mesure va à l'encontre des comportements actuels, mais elle est loin de mettre en situation délicate les seuls russophones. Ainsi, on peut remarquer partout la réticence ou l'incapacité des fonctionnaires nationaux à s'exprimer spontanément et correctement dans leur langue d'Etat, par-delà les obligations constitutionnelles récentes. La lenteur avec laquelle progresse la pratique de la langue nationale dans les instances officielles est bien le fait des nationaux russifiés et peu décidés à améliorer leur maîtrise de l'ouzbek, du kirghize, du kazakh et du turkmène, surtout dans un contexte de passivité de l'Etat en matière de cours de formation linguistique.

Déploré par certains acteurs politiques, (interview d'Akmal Saïdov, chef du Centre national pour les droits de l'Homme en Ouzbékistan du 23 avril 2001), ce phénomène qui consacre la place encore dominante du russe dans les administrations et l'appareil d'Etat de l'Ouzbékistan, est encore plus flagrant dans les autres républiques d'Asie centrale, y compris le Turkménistan, pourtant très soucieux de renforcer sa souveraineté linguistique. En effet, au Kazakhstan comme au Kirghizstan où la part de la population russophone est encore très importante (40% au Kazakhstan, 25% au Kirghizstan malgré une accélération récente de l'immigration vers la Russie). Par ailleurs, lors du sommet des pays turcophones qui s'est tenu à Istanbul les 26-27 avril dernier, le président kirghize et le speaker du parlement ouzbek, Erkin Khalilov représentant le président Islam Karimov se sont exprimés en russe. On peut cependant y voir une certaine évolution dans le sens de la dérussification car les trois autres présidents présents (Azerbaïdjan, Kazakhstan et Turkménistan) ont parlé dans leur langue nationale, alors qu'en 1994 par exemple, lors de la tenue d'un sommet des pays turcophones, les présidents d'Asie centrale se consultaient en russe.

Enfin, nombreux sont les intellectuels modernistes locaux qui voient d'un œil attristé les conséquences de la latinisation en cours, en termes de coût économique insurmontable, d'abaissement du niveau culturel général, de coupure`des générations montantes avec le patrimoine littéraire et scientifique mondial via le russe.

CONCLUSION

Après plus d'une décennie d'indépendance, la question linguistique est actuellement moins exacerbée en Asie centrale qu'elle ne l'était durant les années qui l'ont précédée. Ce phénomène mérite d'être relevé d'autant que la revendication linguistique semblait être au coeur des débats concernant la quête de souveraineté des années 89-90. Instrumentalisée pour fournir un cadre à la mise en place de nouvelles légimitimés étatiques, elle semblait réellement refléter un mal-être des nationaux face à l'outil de pouvoir qu'était le russe (manifestations d'étudiants, de membres de partis démocratiques ou natio-nalistes pendant la fin de la perestroïka).

En fait, la revendication linguistique s'est considérablement affaiblie dans la pratique sociale une fois la position juridique des langues éponymes établie. Une fois que les langues nationales ont trouvé leur « place de pouvoir » dans les constitutions respectives des nouvelles républiques (article 4 de la première section de la Consitution ouzbèke du 8 décembre 1992 par exemple), elles n'ont pas reçu l'adhésion qu'elles devaient escompter de la part de la population. Le pouvoir du russe en tant qu'instrument donnant accès à la littérature mondiale scientifique et technique traduite depuis des décennies n'est pas prêt d'être supplanté par l'anglais, même si des efforts considérables sont fournis par les Etats-Unis.

Après une éclipse temporaire de la vie politique, sociale et culturelle, ce média largement utilisé dans les zones urbaines semble maintenir, voire renforcer sa position, par delà le fort courant d'émigration des russophones vers la Russie qui a connu ses temps d'accélération et de latence et qui reprend aujourd'hui de la vigueur pour des raisons économiques.

Il n'en va pas de même dans les zones rurales où la connaissance du russe par les jeunes générations décline rapidement. La fin de l'incorporation militaire au sein du système soviétique y est pour beaucoup. En revanche, on doit signaler une zone de tension linguistique entre l'ouzbek et le tadjik aussi bien dans l'appareil d'État des républiques respectives que dans les oasis tradition-nellement tadjikophones de Samarcande et de Boukhara. Celle-ci reflète la crispation politique qui caractérise les relations entre les deux communautés à l'intérieur des États ouzbek et tadjik, ainsi que les relations interétatiques, complexes et fluctuantes depuis l'indépendance. La querelle linguistique pourrait aussi être allumée au Kazakhstan entre la majorité kazakhe qui constitue actuellement 53% de la population et la forte minorité russe de 32%.

D'une façon générale, la question des langues minoritaires exprime un certain malaise par rapport à la langue des nouvelles majorités éponymes : kazakhe, kirghize, ouzbèke, tadjike, turkmène. Elle renvoie à l'établissement nécessaire d'un pacte de cohabitation linguistique sans lequel toute stabilité politique et sociale serait vaine.

Il n'en demeure pas moins que dans le contexte actuel, la pression politique extérieure pourrait bien s'avérer plus décisive que les malaises internes, y compris l'inconfort linguistique qui a pu pousser certains à l'émigration. De la sorte, le pouvoir de la langue russe persistante pourrait bien s'identifier à l'évidence du recours au pouvoir russe pour certains pays comme le Kazakhstan et le Kirghizstan pour contrebalancer la pression de la Chine et de l'Ouzbékistan, pour l'Ouzbékistan, dans le but de se protéger de l'Afghanistan et du Tadjikistan, pour le Tadjikistan pour continuer à fonctionner comme Etat. La langue russe pourrait donc continuer à servir l'arbitrage de la Russie dans la zone à défaut de son retour stratégique, politique et économique effectif.

Comme l'avaient dit certains nationalistes ouïgours au lendemain de l'indépendance du Kazakhstan : « Il est temps de commencer à apprendre le chinois, car le russe et les Russes on les connaît par coeur, on peut les prévoir et les anticiper, mais les Chinois.... ».

Habiba FATIH

LES LANGUES DE L'IDENTITE DANS LE MONDE TURCO-IRANIEN ISLAMISE DE L'ASIE CENTRALE POST-SOVIETIQUE (OUZBEKISTAN ET TADJIKISTAN)

Depuis la dislocation de l'URSS et l'apparition de nouveaux Etats indépendants sur son ancien territoire, le problème de la construction nationale occupe une place considérable dans les études occidentales consacrées ces dix dernières années aux cinq pays d'Asie centrale (Ouzbékistan, Kazakhstan, Kirghizistan, Turkménistan et Tadjikistan) [1]. En revanche, on s'est encore peu intéressé à la question identitaire dans la représentation des acteurs musulmans, et plus précisément à la manière dont les « Centre-asiatiques » définissent leur propre identité, laquelle a été récemment recomposée. L'objet de la présente réflexion anthropologique et sociale porte sur les critères mis en avant par des actrices musulmanes appartenant à des ethnies distinctes (ouzbèque, tadjike, arabe et iranienne d'Asie centrale) pour construire leur identité, à travers l'étude de leurs pratiques langagières axées sur l'utilisation de trois langues dans leur quotidien : la langue officielle de l'Etat dans lequel elles vivent, la langue maternelle et la langue de leur religion. On verra ainsi comment ces diverses pratiques langagières, exprimées dans des circonstances différenciées, interviennent dans leur rapport à l'identité. La question qui m'intéresse donc ici est la suivante : en quoi les référents identitaires véhiculés par ces trois langues, chacune utilisée dans des situations différentes, peuvent-ils influer sur la construction de l'identité chez des peuples appartenant au monde turco-iranien islamisé de l'Asie centrale post-soviétique ?

Pour répondre à cette question, je me propose de développer les quatre points suivants : le premier porte sur une présentation des groupes ethniques dont il est ici question ; le second consiste à analyser la situation linguistique dans l'Ouzbékistan et le Tadjikistan indépendants ; le troisième est consacré aux rapports existant entre les langues des actrices musulmanes et leur identité ; et, enfin, le quatrième point repose sur le lien entre la langue de religion et l'islamité. La présente réflexion a été élaborée à partir d'observations faites sur le terrain, dans le cadre d'une étude menée récemment sur les femmes d'autorité de l'islam centre-asiatique et, plus précisément, sur des femmes

---

1. Citons, entre autres : Turaj Atabaki, John O'Kane (éds.), *Post-Soviet Central Asia*, Leiden-London, Tauris, 1998 et Jean Radvanyi (ss. la dir. de), *De l'URSS à la CEI, 12 Etats en quête d'identité*, Paris, Ellipses, 1997.

mollahs appelées *otin/âtûn* en ouzbek et *bibihalifa/bībī-ḫalīfa* (prononcé *behalfa*) en tadjik [2]. Ces femmes mollahs appartiennent aussi bien à l'islam sunnite de rite *ḥanafite* (Ouzbèques, ou Tadjikes, ou encore Arabes, d'Ouzbékistan et du Tadjikistan) qu'à l'islam chiite (Iraniennes de Boukhara et de Samarcande) [3]. Enfin, ces femmes mollahs sont des personnages religieux féminins qui fournissent une éducation religieuse et des « services » religieux à la population féminine en échange d'honoraires [4]. En effet, elles sont constamment sollicitées par des familles, qui ne sont pas nécessairement pratiquantes, pour accomplir à domicile des rituels liés à la religion musulmane (naissance ou enterrement religieux) dans la partie féminine de la maison (*darūn* en tadjik et *ičqari* en ouzbek), ainsi que d'autres rituels d'origine pré-islamique mais ayant été intégrés à l'islam au fil des siècles, comme ceux dits de *Bîbî Moškel Gošay/Bibi Muškulkušod* ou de *Bībī Se-šanbe/Bibi Sešanba*[5].

CARACTÉRISTIQUES GÉNÉRALES DES GROUPES ETHNIQUES

Les ethnies qui ont fait l'objet de cette étude sont les Ouzbeks, les Tadjiks, les Arabes et les Iraniens d'Asie centrale. A l'époque de l'Union soviétique, les membres de toutes ces ethnies avaient la citoyenneté (*graždanstvo*) soviétique. Si les deux premières étaient promues au rang de nation (*nacija*), en revanche, les deux autres avaient un statut de groupe ethnique (*etničeskaja gruppa/narodnost'*) [6] qui, selon la théorie soviétique de l'évolution des peuples, devaient évoluer vers l'une de ces deux nations par une assimilation — aspect sur lequel je reviendrai plus loin.

---

2. Cette étude a été réalisée à partir d'un travail de terrain mené entre 1996 et 1999 dans le cadre d'une thèse de doctorat d'Etat sur « Les femmes d'autorité de l'islam centre-asiatique : repères identitaires et agents de restructuration communautaire dans l'Asie centrale post-soviétique ». Cette thèse a été préparée à l'INALCO avec le soutien de l'IFEAC basé à Tachkent.

3. Seuls, les chiites duodécimains habitant les villes de Boukhara et de Samarcande ont fait l'objet de cette étude, les ismaéliens du Haut-Badakhchan, république autonome du Tadjikistan située dans le Pamir, ne sont donc pas pris en compte.

4. Sur le rôle de ces femmes mollahs, voir mon article : « The *Otin*, The Unknown Women Muslim Clerics of Central Asian Islam », dans *Central Asian Survey*, Oxford, March 1997, Vol. 16, n° 1, pp. 27-43

5. Ces deux rituels, dont les noms sont donnés en tadjik et en ouzbek signifient respectivement « Sainte Madame Ôte-Difficultés » et « Sainte Madame Mardi ». Ils sont destinés à implorer l'aide de Dieu en faisant un vœu pour mettre fin à un problème familial. Ces saintes sont deux protectrices de la famille et, bien qu'elles soient légendaires, elles sont cependant associées à la figure de Muḥammad Bahā al-din Naqšband (1318-1389), un maître soufi originaire des environs de Boukhara qui a fondé la naqšbandiyya.

6. On employait et l'on emploie encore dans tous les pays de la CEI le terme de « citoyenneté » pour rendre l'appartenance d'un individu à l'Etat. Il se distingue de celui de « nationalité » qui est rendu en russe par deux mots : « *nacional'nost'* » et « *narodnost'* ». Ces deux mots renvoient à deux catégories ethniques qui, tout comme celles de « groupe ethnique », ont été prises en compte dans l'élaboration du concept soviétique de nation. Ces catégories ethniques relèvent davantage du domaine de l'ethnographie russe et les frontières entre elles sont assez floues.

Les Ouzbeks sont un peuple qui a été formé progressivement par une association d'éléments propres à une population iranienne de tradition sédentaire et issue d'un milieu urbain, et d'autres éléments plus caractéristiques des tribus turco-mongoles de civilisation nomade qui avaient conquis l'ancienne Asie centrale et qui s'y installèrent entre le XIᵉ et le XVᵉ siècle [7]. La langue ouzbèque appartient au sous-groupe sud-est des langues türk et comprend des variations dialectales sous l'influence des langues kipchaq et oghuz [8]. Elle fut élaborée à partir de 1923, se transcrivant au départ en arabe, puis en caractères latins en 1927 et, à partir de 1937, elle fut dotée de l'alphabet cyrillique. La langue officielle de l'Etat ouzbek est fondée sur un dialecte de Tachkent, dépourvu d'harmonie vocalique et très iranisé, et s'écrit de nouveau, depuis 1992, en caractères latins.

Les Tadjiks sont un peuple de sédentaires qui subit l'influence de populations turciques de tradition nomade ou semi-nomade de l'ancienne Asie centrale. Dans l'actuel Tadjikistan, où ils sont citoyens de ce pays, ils sont encore loin de constituer une véritable nation : ils sont divisés en groupes ethniques divers, comme les peuples du Pamir (Ruchans, Bartangs, Yazguls, Ichkahims et Wakhans), des ismaéliens parlant des langues iraniennes éloignées du tadjik. De plus, de nombreux Tadjiks vivent non pas sur le territoire du Tadjikistan mais sur ceux des pays voisins (Ouzbékistan ou Kirghizistan). Le tadjik, langue officielle du Tadjikistan, est une variante du persan. Il appartient au rameau occidental de la branche iranienne issue de la famille indo-européenne. Cette langue, qui s'écrivait autrefois en caractères arabes est, depuis 1939, translittérée en caractères cyrilliques même si, toutefois, on observe depuis les années 90 du XXᵉ siècle un retour à l'alphabet originel.

Les Arabes d'Asie centrale forment un groupe ethnique qui apparut pour la première fois dans le recensement soviétique de 1926 [9]. Il est localisé dans les diverses régions administratives de l'Ouzbékistan, du Tadjikistan et du Kirghizistan. L'origine de ces Arabes centre-asiatiques n'a pas encore été clairement établie dans les travaux de recherche. Ceux des régions de Boukhara et de Samarcande — que j'ai étudiées — affirment que leurs ancêtres étaient les premiers conquérants arabes venus islamiser l'ancienne Asie centrale à partir du VIIᵉ siècle. Certains d'entre eux estiment même qu'ils descendent du Prophète et qu'ils sont donc *sayyed*. Ces Arabes sont souvent bilingues (ouzbek/tadjik), parfois même trilingues (arabe). Seul un petit nombre d'entre eux sont capables de parler l'arabe au quotidien, notamment des personnes

---

7. Alexandre Bennigsen, Chantal Lemercier-Quelquejay, *Les Musulmans oubliés, L'Islam en Union soviétique*, Paris, Maspero, 1981, pp. 99-102.
8. Johann Uhres, « Le point sur les alphabets utilisés pour les langues turciques », dans les *Cahiers d'études sur la Méditerranée orientale et le monde turco-iranien*, Paris, n° 29, janvier-juin 2000, pp. 296-297.
9. I. N. Vinnikov, « Araby v SSSR » [Les Arabes en URSS], dans *Sovetskaja Ètnografiya*, Moscou, n° IV, 1940, pp. 3-22.

âgées. Leur parler arabe présente toutefois un mélange d'éléments grammaticaux ou lexicaux relevant de l'ouzbek et/ou du tadjik [10].

Les Iraniens d'Asie centrale sont des chiites duodécimains essentiellement localisés au Turkménistan et en Ouzbékistan, où ils sont estimés à 1 million. Ils ont des origines diverses : certains d'entre eux seraient venus de Merv à partir du XVIe siècle ; d'autres proviendraient de familles de marchands iraniens établis en Asie centrale, d'autres encore seraient des descendants d'anciens esclaves et de prisonniers jadis ramenés du Khorassan iranien à partir du XVIIIe siècle [11]. Comme les individus centre-asiatiques d'origine arabe ou afghane, leur mode de vie s'apparente à celui des Tadjiks et des Ouzbeks. Ils sont majoritairement persanophones. Seuls les Iraniens de Samarcande, qui auraient été ouzbékisés au fil des siècles, sont ouzbékophones bien que vivant dans une ville traditionnellement persanophone.

De toutes les ethnies énumérées ci-dessus, les Ouzbeks et les Tadjiks sont les seules à disposer d'un territoire national et à avoir entamé un processus d'unification de la nation depuis l'effondrement de l'ancienne Union soviétique. Cette construction nationale est d'ailleurs fragilisée, comme le montre la situation du Tadjikistan qui fait encore face aux séquelles de la guerre civile de 1992. Les dirigeants de l'Ouzbékistan et du Tadjikistan doivent donc à la fois combattre les divisions ethniques et les contestations politiques propres à chacun de leur pays.

SITUATION LINGUISTIQUE: IDENTITÉ NATIONALE ET LÉGITIMATION

De création récente, l'Ouzbékistan et le Tadjikistan, apparus sur la base de la politique soviétique des nationalités [12], sont en quête de légitimation et cherchent à construire une identité nationale. Le concept d'identité nationale tel qu'il a été défini par les dirigeants, tous issus des anciennes structures communistes, s'appuie sur des composantes culturelles de l'ethnie éponyme majoritaire — celle des Ouzbeks en Ouzbékistan et celle des Tadjiks au Tadjikistan — qui s'est imposée dans les limites de ses frontières et qui est entièrement identifiée à la nation. Or, chacun de ces deux pays comprend une diversité d'ethnies ayant un statut de minorité [13]. Si, dans le discours de l'Etat

---

10. Observation faite dans le kolkhoze « Djugari », situé dans l'arrondissement de Ghidjuvani, près de la ville de Boukhara.
11. O. A. Suhareva, *Buhara, XIX-načalo XX v.* [Bukhara, XIXe-début du XXe siècle], Moscou, Nauka, 1966, pp. 153-165.
12. Le processus de création de ces jeunes Etats a été analysé par Olivier Roy, *La Nouvelle Asie centrale ou la Fabrication des nations*, Paris, Seuil, 1997.
13. La situation linguistique de ces deux Etats rappelle celle des Etats du Maghreb qui sont, eux aussi, caractérisés eux par une diversité linguistique (arabe, berbère et français) et qui ont dû opter pour une langue nationale après la décolonisation. Consulter sur cette question Gilbert Grandguillaume, *Arabisation et Politique linguistique au Maghreb*, Paris, Maisonneuve & Larose, 1983.

sur l'identité, c'est bien la langue officielle qui renvoie à la référence nationale, dans celui des actrices musulmanes en situation de minorité, elle ne représente pas nécessairement une menace pour leur survie, notamment pour celle de leur propre parler. Pour ces actrices musulmanes, ce qui est reconnu à travers l'emploi de la langue nationale, c'est l'expression d'une appartenance identitaire précise, celle de citoyens qui se trouve être incarnée dans l'Etat. Elles disposent donc de plusieurs référents identitaires qui sous-entendent chacun de multiples appartenances. En définitive, la langue, qui n'est pas seulement un moyen de communication entre les hommes, représente également un domaine où se cristallise l'identité, y compris sous une forme symbolique.

La réalité des pratiques linguistiques dans l'Ouzbékistan et le Tadjikistan indépendants montre que les sociétés centre-asiatiques sont caractérisées par des normes de conduites langagières en apparence contradictoires, mais qui permettent d'y repérer une identité. En effet, plusieurs langues coexistent dans l'espace centre-asiatique, y compris à l'intérieur d'un seul et même pays, voir d'une seule et même région (celle de Léninabad majoritairement peuplée d'Ouzbeks et localisée dans le nord du Tadjikistan), ou encore d'une seule et même ville (Boukhara ou Samarcande situées sur le territoire de l'Ouzbékistan). Dans ces deux villes, qui furent autrefois de brillants centres de culture islamique, la grande majorité de la population multiethnique s'exprime en tadjik, y compris pour les ethnies turciques de religion musulmane (Ouzbeks ou Tatars [14]). Il convient de noter que par l'importance numérique de peuples turciques, c'est la famille linguistique turcique qui prédomine dans toute l'Asie centrale [15].

La situation linguistique de ces deux Etats est donc caractérisée par l'existence d'une variété de langues. En effet, plusieurs sphères linguistiques coexistent en dépit des efforts des régimes pour regrouper la population de la nationalité éponyme autour d'une seule et même langue nationale. On peut ainsi distinguer trois sphères linguistiques : la langue officielle de l'Etat, la langue maternelle et la langue de religion. On peut même mentionner une quatrième sphère linguistique représentée par la ou les langue(s) étrangère(s).

— La langue officielle est celle qui a été institutionnalisée par l'Etat et qui a été promue au rang de la langue de la nation : ouzbek en Ouzbékistan et tadjik au Tadjikistan. Cette définition de la langue officielle des citoyens

---

14. Il est très difficile de trouver des statistiques récentes sur la composition ethnique de ces deux villes qui sont à la fois peuplées de Tadjiks, d'Ouzbeks, d'Iraniens, de Tsiganes (musulmans), de Russes ou autres « Européens » tels que les Ukrainiens. Sur le nombre des principales ethnies non majoritaires dans ces deux pays, voir les chiffres du dernier recensement soviétique de 1989 figurant dans Jean Radvanyi, *op. cit.*, pp. 168 et 182.

15. Selon le recensement soviétique de 1989, la population musulmane soviétique était divisée en plusieurs familles linguistiques. On trouvait 38 groupes ethniques turciques, 5 iraniens, 15 ibéro-caucasien, 1 chinois (Doungans) et 1 sémite (Arabes). Voir « O predvaritel'skih itogah vsesojuznoj perepisi naselenija 1989 goda » [Du bilan préliminaire du recensement de la population de toute l'Union de l'année 1989], *Pravda*, Moscou, 29/04/1989, pp. 3-4.

d'Ouzbékistan ou de ceux du Tadjikistan, citoyens qui sont loin d'être tous des Ouzbeks ou des Tadjiks, exclut les autres langues de l'ethnie ou de la nationalité non éponyme et qui se trouvent de fait réduites au statut de minorité. L'accession aux indépendances et, de ce fait, l'usage officiel des langues nationales ouzbèque et tadjike a contribué à revaloriser ces langues qui, à l'époque soviétique, étaient elles-mêmes réduites au rang de minorités. Cette revalorisation se fait donc au détriment du russe qui servait alors d'instrument de communication entre les divers peuples de l'ancienne Union soviétique.

— La langue maternelle est celle qui, parlée dans le quotidien, peut correspondre à la « langue légitime » [16], c'est-à-dire la langue officielle. Mais, dans tout l'espace centre-asiatique, on a affaire à une multitude de langues maternelles parlées au quotidien, d'autant plus que plusieurs d'entre elles sont éclatées en divers dialectes. Cela tient au fait qu'aucun de ces pays n'est homogène sur le plan ethnique et que l'on assiste encore depuis les années 20 du XXe siècle à la « consolidation de la nation » ouzbèque ou tadjike constituée sur la base de critères élaborés par Staline (unité de territoire, de langue, d'économie et de culture) et par Lénine (théorie des processus ethniques) [17]. D'un point de vue législatif, de toutes les ethnies minoritaires d'Ouzbékistan, les Karakalpaks sont les seuls à avoir une autonomie linguistique reconnue par l'Etat ouzbek : ils peuvent, en principe, employer leur propre langue au sein de l'école ou de l'administration dans les limites de leur république autonome située à l'intérieur du territoire de l'Ouzbékistan. Cependant, quelques langues minoritaires peuvent être enseignées, tant dans le secondaire (tadjik à Samarcande [18]) que dans le supérieur (ouzbek à l'université d'Etat du Tadjikistan dans la ville de Khodjent) [19].

---

16. Expression empruntée à Pierre Bourdieu qui a analysé le problème des rapports de domination linguistique dans son étude, *Ce que parler veut dire, L'Economie des échanges linguistiques*, Paris, Fayard, 1982.

17. Selon ces thèses, les Ouzbeks et les Tadjiks, — tous comme les Kazakhs, les Kirghiz et les Turkmènes — , furent promus au rang de nation soviétique et, de ce fait, connurent d'abord une phase de « consolidation ethnique », c'est-à-dire un regroupement de peuples proches sur le plan de « l'origine, la langue, la tribu et la religion ». Par exemple, la nation ouzbèke soviétique fut créée en y intégrant des peuplades apparentées aux Ouzbeks comme les Kypchaqs, ou les Lokays, ou encore les Turcs, qui figuraient dans les recensements de l'époque de la Russie tsariste. C'était la première étape de ce type de « rapprochement » (*sbliženie*) entre « groupes ethniques proches » laquelle devait ensuite évoluer vers un processus d'assimilation de la « nation consolidée » pour enfin « fusionner » (*slijanie*) dans la mythique et unique nation soviétique. Ces aspects théoriques et politiques du concept de la nation soviétique ont été développés par Vladimir Kozlov, *Nacilnal'nosti SSSR* [Les Nationalités de l'URSS], Moscou, Statistika, 1975, pp. 195-247.

18. Information communiquée par Johann Uhres qui prépare une thèse à l'INALCO sur « L'institution scolaire et les identités politiques dans l'Asie centrale turcophone et post-soviétique ».

19. Une de mes interviewées est une femme mollah de nationalité ouzbèque qui vit dans la ville tadjike de Khodjent et qui dirige la section de littérature ouzbèque dans le département d'études ouzbèques de l'université d'Etat du Tadjikistan. Ces femmes mollahs viennent donc aussi bien de milieux modestes que de couches cultivées.

— La langue de religion est principalement représentée par l'arabe, langue dans laquelle fut révélée le Coran. C'est une langue principalement utilisée lors de la pratique de rituels et lors d'une prédication ou d'un enseignement religieux faits, soit dans les mosquées, soit au sein des foyers sous forme de « cours » particuliers donnés çà et là par des mollahs tant hommes que femmes. La langue de religion est aussi représentée par le persan — sous sa forme tadjike— qui fut autrefois, c'est-à-dire avant la soviétisation de l'Asie centrale entre les années 20 et 30 du XXᵉ siècle, à la fois une langue cultuelle, culturelle et administrative. Le persan était enseigné dans les prestigieuses *madrasa* du « Gouvernement général du Turkestan » et des émirats de Boukhara et de Khiva placés sous l'autorité militaire de la Russie tsariste à partir de la deuxième moitié du XIXᵉ siècle, mais il était aussi écrit et parlé par les élites tant turciques qu'iraniennes dans les villes de ces régions. S'il est encore employé lors de cérémonies religieuses pratiquées aussi bien par des hommes que des femmes, contrairement à l'arabe, il est, lui, également utilisé comme langue de communication courante, comme à Boukhara ou Samarcande. Ces deux villes sont demeurées persanophones jusqu'à nos jours alors que dans d'autres villes centre-asiatiques où l'on a autrefois assisté à un phénomène de turkisation de la région, c'est la branche linguistique turcophone qui prévaut : les anciennes populations iraniennes locales de culture sédentaire et habitant les villes ont été assimilées par des peuples turciques de tradition nomade [20].

— Enfin, il convient de mentionner l'existence d'autres langues dites étrangères comme l'anglais, le français, l'allemand et le russe. Comme déjà dit, le russe était la langue de l'ancienne puissance coloniale, la Russie tsariste, qui commença à conquérir l'Asie centrale à partir de la seconde moitié du XIXᵉ siècle. Ce fut seulement à la fin des années 30 du XXᵉ siècle qu'il devint la langue officielle de tous les peuples soviétiques et qu'il eut par la suite le statut de « seconde langue maternelle » [21]. Si l'Ouzbékistan et le Tadjikistan ont fait adopter une loi sur la primauté de leur nouvelle langue nationale, il faut reconnaître que le russe conserve encore une place importante dans toute l'Asie centrale. Ces langues étrangères sont enseignées dans les instituts d'éducation de niveau élémentaire ou supérieur. Le rôle du russe dans la société ne sera pas pris en considération dans cette étude car toutes les personnes de mon échantillon de 66 femmes mollahs le rejettent même s'il est vrai que la majorité

---

20. Cet aspect est développé par Maria Eva Subtelny, « The Symbiosis of Turk and Tajik », in Beatrice F. Manz (Ed.), *Central Asia in Historical Perspective*, Boulder, San Francisco, Oxford, Westview Press, 1994, pp. 45-61.

21. K. Hanazarov, *Sbilženie nacii i nacional'nye jazyki v SSSR* [Le Rapprochement de la nation et les langues de l'URSS], Tachkent, Nauka, 1963, pp. 200-202. En réalité, de nombreux non Russes, en particulier les élites politiques et les intelligentsias de confession musulmane, ne maîtrisaient que le russe et elles ne possédaient donc pas leur propre langue maternelle. La connaissance du russe, langue de « communication internationale » entre les divers peuples de l'ancienne Union soviétique, était nécessaire pour toute ascension sociale.

d'entre elles le connaissent. D'ailleurs, 28 d'entre elles l'ont toujours rejeté [22], plus particulièrement à l'époque soviétique, période durant laquelle elles étaient réfractaires à la politique de russification des peuples musulmans prônée par le Kremlin. Et, en tant que personnages religieux féminins, celles-ci assuraient alors aussi bien la défense de leur foi que celle de leur identité culturelle qui ont été maintenues.

Dans des sociétés multiethniques et donc multilingues comme celles de l'Asie centrale, il est légitime de se demander comment s'articulent les représentations identitaires véhiculées par une langue. La place que peuvent prendre différents référents linguistiques rencontrés chez un seul et même locuteur dans son quotidien est fort complexe. Il convient désormais d'analyser les différentes attitudes rencontrées dans des situations précises chez un individu face à sa langue ou plutôt à ses langues.

LES LOCUTRICES FACE À LEURS LANGUES

J'ai été amenée à dégager des attitudes linguistiques telles qu'elles apparaissent dans les représentations des locutrices de l'Ouzbékistan et du Tadjikistan qui sont donc toutes des femmes de religion. Comme déjà dit, les données présentées ici sont le résultat d'observations faites à partir d'une réflexion sur le sens de leur pratique religieuse et il ne s'agit donc pas d'éléments recueillis sur la base d'une interrogation directe centrée sur le regard qu'elles portent sur leurs langues.

Les conduites langagières de ces femmes sont déterminées par la diversité linguistique qui façonne leur environnement familial et social. Elles ont conscience d'appartenir non pas à une communauté donnée mais plutôt à des communautés diverses. Le sentiment de constituer un membre de plusieurs communautés à la fois est en effet bien réel. Elles construisent leur identité à partir de quatre références linguistiques qui sous-entendent chacune différentes phases de leur socialisation et différentes appartenances de leur identité multiple :

— La première de ces références linguistiques est représentée par l'identité de base exprimée par le substrat linguistique originel du groupe ethnique dont l'individu est issu, ouzbek ou tadjik. Et, plus précisément, il s'agit de son premier ancrage dans sa propre famille, élément qui va être déterminant dans la constitution de son identité ;

---

22. Ces 66 femmes mollahs vivent dans les cinq pays d'Asie centrale et sont toutes à la retraite. Plusieurs d'entre elles prétendent appartenir à une famille sainte ou à une lignée confrérique. Seules, 28 femmes mollahs avaient été initiées à l'exercice de leur fonction religieuse à l'époque soviétique par le biais d'une transmission familiale, tandis que les autres ont accédé à cette fonction religieuse après les indépendances de leur pays et ne l'ont donc pas reçue d'une manière héréditaire (de mère en fille).

— La seconde référence identitaire est, elle, fortement marquée par l'environnement social dans lequel évolue ce même individu. La langue prédominante au sein de cet environnement social n'est pas forcément équivalente à celle qui est parlée dans la sphère familiale de la locutrice, c'est-à-dire sa langue maternelle. C'est, par exemple, le cas d'une Ouzbèque de Boukhara qui vit dans un environnement entièrement persanophone ou d'une Tadjike de Khodjent qui est au contact d'une réalité ouzbékophone ;

— La troisième référence identitaire découle de la langue qui sert de norme dans le territoire national dans lequel vit l'individu et qui sert d'élément unificateur. Cette norme linguistique intervient dans la phase actuelle de d'édification de la nation et symbolise l'unité du pays. C'est ainsi qu'elle est perçue par plusieurs femmes mollahs de mon échantillon [23]. En effet, elles se reconnaissent dans cet espace national et dans sa langue officielle, qui est celle de tous leurs concitoyens, même si elle s'oppose à leur propre parler de base, étant entendu que l'écrasante majorité d'entre elles sont bilingues (ouzbek/tadjik) quel que soit le pays où elles se trouvent. La situation de bilinguisme permet aux locutrices de ne pas se définir par rapport à une seule langue mais leur donne plus de possibilités d'exprimer une identité plurielle [24].

Cette situation de bilinguisme turco-iranienne est loin d'être nouvelle et a toujours été une caractéristique centre-asiatique d'un point de vue historique. Les Tadjiks et les Ouzbeks représentent deux ethnies distinctes mais il semble difficile de les dissocier dans les faits : ces deux ethnies sont très proches les unes des autres sur le plan culturel et ont toujours été « entremêlées », notamment par des mariages mixtes qui restent encore une réalité de nos jours. Il est vrai que chacune d'entre elles a un pays, des frontières, une langue, un drapeau etc..., mais cette situation n'est que le résultat de la politique soviétique des nationalités visant à accentuer des différences qui, pourtant, étaient insignifiantes jusqu'à la constitution de l'URSS. Avant cet événement, aucune d'entre elles n'avait conscience d'appartenir à un peuple particulier, ni à une « nation » précise. En réalité, elles partageaient et partagent encore de nombreuses traditions et sont tellement liées qu'il paraît difficile de les distinguer. D'ailleurs, plusieurs Ouzbeks et Tadjiks ne se servent que du critère linguistique pour délimiter une frontière entre eux : est Tadjik celui qui parle persan tadjik et non l'ouzbek et, inversement, est Ouzbek celui qui parle ouzbek et non le tadjik. Si ce critère est pertinent lorsqu'il correspond à des intérêts politiques nationaux (territoire, langue, etc.), en revanche, il ne l'est pas

---

23. Cela n'est pas la position d'autres personnes, notamment certains intellectuels ou nationalistes, dont les intérêts s'opposent à la politique de l'Etat qui tente d'imposer la culture et la langue de l'ethnie dominante à d'autres ethnies minoritaires dans un souci de cohésion nationale.
24. Je précise que, d'une manière générale, on a affaire dans l'actuelle Asie centrale à une situation de bilinguisme multidimensionnel : ouzbek/tadjik ; russe/tadjik ; ouzbek/russe, etc. Et, parfois, dans une seule et même famille d'intellectuels, par exemple, on peut avoir recours à l'usage de trois langues (ouzbek/tadjik/russe).

chez certaines personnes bilingues (ouzbek/tadjik) qui ont parfois bien du mal à se définir en tant qu'ethnie : sont-elles Ouzbèques ou Tadjikes ? Et, ce n'est pas tant leur incapacité à dissocier les deux ethnies qui pose problème mais plutôt leur difficulté à en privilégier une au profit de l'autre pour y repérer leur identité de base. Cela montre que l'objectif des bolcheviks consistant à créer des nations modernes a été atteint alors que, durant des siècles, ces deux peuples vivaient jadis sur un seul territoire et partageaient, entre autres, un même fonds culturel islamique. A partir des années 20 du XXe siècle, la traditionnelle symbiose turco-iranienne représentée par la rencontre de deux civilisations diamétralement opposées, celle de populations turciques de tradition nomade et celle des populations iraniennes de tradition sédentaire, a cédé la place à des rivalités interethniques et politiques qui ont culminé après l'accession aux indépendances : chaque Etat se dispute un héritage culturel et historique pourtant commun.

— La dernière référence linguistique renvoie à un espace encore plus large que celui de la nation : la langue de la communauté des croyants (*Umma*) d'où les frontières ethniques sont totalement effacées. S'il est vrai que cette dernière référence est hautement symbolique, elle est cependant intégrée dans les représentations que toutes les populations musulmanes centre-asiatiques ont d'elles-mêmes, et par conséquent, elle intervient dans la construction de leur identité. Si la communauté des croyants est alimentée par le mythe de l'unité islamique qui regrouperait tous les peuples musulmans en une seule entité supranationale, elle traduit toutefois le sentiment d'appartenir à une aire de civilisation commune et spécifique dont le plus beau fleuron est l'arabe, langue du Coran. Cette langue arabe représente en effet la langue de religion et de culture islamiques revendiquée par n'importe quel croyant qui voit en elle l'incarnation de son identité de musulman.

La présence de trois langues (langue d'Etat, langue maternelle et langue de religion) ne renvoie pas seulement à trois ensembles linguis-tiques qui se situent à des niveaux différenciés et qui s'expriment dans des situations différentes. Mais elle renvoie aussi à l'insertion dans le milieu social de trois normes culturelles qui sont autant de marqueurs identitaires. Ainsi, l'individu, dans son quotidien, est amené à se situer dans ces trois systèmes, ces trois références linguistiques qui ne s'opposent pas mais qui se juxtaposent.

LES LOCUTRICES ET LEUR IDENTITÉ PLURIELLE

La religion est considérée aux yeux de mes interlocutrices comme un élément fondamental de leur identité. Si, à l'époque soviétique, elle était menacée de disparaître pour des raisons idéologiques évidentes, dans le contexte actuel des indépendances, elle est comprise dans le sens d'une restauration de leur personnalité religieuse, légitimée de fait par l'Etat qui l'a étatisée au même titre que la langue. Elle incarne donc un élément crucial de leur identité. Pour mieux comprendre la portée de l'élément religieux dans la représentation identitaire, il convient de se pencher sur la manière dont elles se définissent en tant que membres de plusieurs communautés, manière qui résulte de leur rapport à l'autre. En fait, elles ont recours à diverses allégeances pour former leur identité globale. Elles ont recours à plusieurs référents identitaires qu'elles organisent, d'une manière consciente ou non, en fonction de circonstances bien précises pour se définir elles-mêmes.

D'abord, chacune de ces femmes qui, dans une situation de pluriethnicité, se situe dans un rapport « d'inclusion/exclusion » [25] qui régissent les relations entre elles et autrui, c'est-à-dire leur propre groupe ethnique et d'autres groupes ethniques, qu'ils soient de confession musulmane ou non. Ces divers groupes ethniques qui vivent à leurs côtés sont soit proches d'elles sur le plan culturel et historique (Tadjiks, ou Tatars, ou encore Iraniens d'Asie centrale) soit, au contraire, éloignés d'elles (Russes ou Juifs d'Asie centrale). La relation de proximité ou d'éloignement de tous ces groupes ethniques, qui sont entrés en contact les uns avec les autres depuis bien des siècles, est un facteur important dans la représentation identitaire. Les processus d'identification peuvent être répertoriés de la façon suivante :

— l'identification par différenciation

L'identification va de pair avec la différenciation. Le problème de l'identité n'apparaît que là où il y a une différence. Un individu construit son identité de base dans une relation qui l'oppose à autrui, et plus précisément son propre groupe ethnique à un autre. C'est à Fredrik Barth que l'on doit ce concept de l'identité qui, pour lui, est un mode de catégorisation utilisé par les acteurs pour affirmer et maintenir une distinction culturelle [26]. Ainsi, est Ouzbèque celle qui n'est pas Iranienne et, inversement, est Iranienne celle qui n'est pas Ouzbèque. De même, est musulmane celle qui n'est pas chrétienne, ni juive, etc.

— L'identification par insertion de l'individu dans une communauté qui renvoie à une histoire et à une mémoire collective

La musulmane s'intègre dans une histoire familiale ouzbèque, ou tadjike, ou encore iranienne. Mais elle peut aussi s'intégrer dans une histoire plus vaste que celle de sa famille, celle de sa ville ou de sa région centre-asiatique. Par exemple, les Boukhariotes ont le sentiment d'être « à part » en se définissant par rapport à un lieu, qui est un facteur de distinction et qui joua un rôle non négligeable dans l'histoire, laquelle est associée à un « glorieux passé islamique ». L'identité locale y est donc très forte et se fonde sur des pratiques culturelles communes à presque tous les habitants de Boukhara

---

25. Expression empruntée à Sélim Abou, *L'Identité culturelle, Relations interethniques et Problèmes d'acculturation*, Paris, Ed. Anthropos, 1981, p. 30.

26. Fredrik Barth, « Les groupes ethniques et leurs frontières » [éd. originelle anglaise de 1969] dans Ph. Poutignat et J. Streiff-Feinart, *Théories de l'ethnicité*, Paris, PUF, 1995, pp. 203-249.

indépendamment de leur appartenance ethnique. En plus de l'usage quotidien du tadjik, il existe de nombreuses similitudes dans les traditions de mariage ou de musique orientale entre les divers peuples musulmans qui composent cette ville qu'ils soient Ouzbeks et Tadjiks sunnites ou Iraniens chiites, ou encore Juifs pourtant non-musulmans [27].

La musulmane peut se définir à l'intérieur d'une entité plus vaste que son identité de groupe ethnique ou locale. Elle a conscience d'appartenir à un vaste espace géographique centre-asiatique. Elle se situe alors dans une histoire commune à tous les peuples musulmans de l'Asie centrale post-soviétique, peuples qui avaient été soumis à la domination de la Russie tsariste. Et, dans ce cas précis, la différenciation se fait dans le cadre d'une expression d'une identité collective. Cette musulmane se perçoit comme membre d'un espace centre-asiatique islamique qui est opposé au monde chrétien ou slave représenté par les Russes. Enfin, l'espace islamique régional peut s'étendre à une échelle plus grande et intégrer les autres peuples musulmans de l'ancienne Union soviétique, situés sur l'actuel territoire de la Fédération de Russie (Tatarstan ou Caucase) avec lesquels ils partagent divers héritages avec leurs coreligionnaires centre-asiatiques.

En définitive, chaque musulmane appartient à différentes communautés, la plus petite étant celle de la famille, la plus large celle des croyants (*Umma*) qui repose sur l'existence d'une confrontation avec le monde chrétien. Et, entre ces deux pôles, on a affaire à une multitude de communautés, comme celle du quartier d'une ville ou d'un village (*mahalla/guzar*), ou d'une région [28], ou encore d'une nation mais aussi comme celle d'un « clan » religieux spécifique, tels que ceux des *xwâfía* [29] ou d'une confrérie soufie.

Chacune de ces communautés est caractérisée par des référents identitaires qui ne prennent un sens que s'ils sont mis en relation avec d'autres référents identitaires correspondants mais avec lesquels ils sont en opposition ou en confrontation. Ce qui est pris en compte, c'est l'existence de frontières et non le contenu à l'intérieur de ces frontières. Par exemple, un Ouzbek de Samarcande a conscience d'être membre d'une communauté religieuse,

---

27. Je précise qu'il ne s'agit pas des Juifs qui ont été convertis à l'islam, les Tchalas, qui, à Boukhara, ont des pratiques religieuses et culturelles relevant à la fois du judaïsme et de l'islam. Cela explique sans doute pourquoi ils sont méprisés tant par la communauté juive que musulmane.

28. Ces types de communautés de villes ou de villages ou encore de régions ne constituent pas des lieux où se cristallise le fait ethnique et obéissent à d'autres stratégies. Par exemple, la communauté de région se fonde sur une stratégie de représentations de ses membres dans l'exercice du pouvoir politique. En Ouzbékistan, la représentation au sein du pouvoir politique est faite d'un jeu mettant en scène trois puissants réseaux issus de trois régions administratives : celles de Tachkent, de Samarcande et de Ferghana. Voir sur cette question de réseaux politiques Olivier Roy, « Groupes de solidarités au Moyen-Orient et en Asie centrale, Etats, territoires et réseaux », dans *Les Cahiers du CERI*, Paris, Ed. du CERI, n° 16, 1996.

29. Les *xwâǧa* affirment descendre des quatre premiers califes dits « bien guidés » (Abû Bakr, 'Umar, 'Utman et 'Alî).

laquelle peut être déterminée par son appartenance à une lignée confrérique [30] ou par son prétendu rattachement à la famille du Prophète. Dans chacun de ces cas, il tient à délimiter une frontière entre lui et les autres, même si ce sont pourtant ses propres compatriotes. Ici c'est l'identité religieuse spécifique qui est privilégiée : les membres de communautés soufies ou de familles réputées saintes ont le sentiment de représenter des groupes religieux particuliers et cela suffit à être considéré comme des « musulmans authentiques ». Mais, dans d'autres circonstances, ce même Ouzbek issu d'une lignée confrérique peut être amené à intégrer ses compatriotes. Si, dans le premier cas, il les exclut de son univers, dans un autre il peut parfaitement les y intégrer dans le cadre de la nation ouzbèque. De même, s'il doit se définir dans un ensemble encore plus grand comme celui de l'*Umma*, il tendra alors à intégrer ceux qui ne sont pas comme lui à la base, c'est-à-dire les Tatars ou les Tadjiks, ainsi que tous les autres peuples musulmans de la planète. Ce dernier mode de stratégie identitaire se déploie lorsque qu'il se sent solidaire des Tchétchènes en guerre contre les Russes, ou des Azéris confrontés aux Arméniens dans la question du Haut-Karabach, ou encore des Palestiniens opposés aux Israéliens. Les divers conflits dans lesquels des peuples musulmans sont impliqués peuvent avoir un écho sans précédent dans le processus d'identification. Le contexte social et politique au sein desquels vivent les individus, en plus de leurs différences culturelles, les poussent à se positionner et à organiser leurs appartenances communautaires [31].

LA LANGUE DE RELIGION COMME VÉHICULE DE L'ISLAMITÉ

Il convient désormais de se pencher sur la fonction de la langue de religion dans sa mise en relation avec l'identité telle qu'elle apparaît dans la représentation des acteurs. Si l'enjeu linguistique est lié à l'enjeu identitaire, il est également lié à celui de la religion. La langue de religion, c'est-à-dire celle qui est utilisée lors d'une pratique religieuse, est systématiquement associée à l'islamité laquelle est elle-même identifiée à une communauté musulmane précise : sunnite ou chiite. Si, pour les musulmanes sunnites (Tadjikes, Ouzbèques et Arabes centre-asiatiques), c'est l'islamité incarnée par la langue arabe qui est synonyme de conscience identitaire, pour les Iraniennes chiites

---

30. Sur le rôle des confréries, consulter Bakhtiyar Babajanov, « Le renouveau des confréries soufies en Ouzbékistan » dans les *Cahiers d'Asie centrale*, « Boukhara la-Noble », Tachkent/Aix-en-Provence, 1998, n° 5-6, pp. 285-311.

31. Ces processus d'identification qui impliquent des logiques de solidarité se retrouvent dans d'autres parties du monde musulman. Ils ont notamment été soulignés au Maghreb par Christine Gacel dans une étude, proche de ce qui est décrit ici : « Relations entre islam et berbérité au Maroc », dans François Paul Blanc (Dir.) *L'/es islamisation/s réel et imaginaire*, IXᵉ Réunion des chercheurs sur le monde arabe et musulman, Afemam, Les chantiers de la recherche, Perpignan, 7 et 8 juillet 1995, Perpignan, Presses universitaires de Perpignan, 1997, pp. 217-225.

d'Ouzbékistan, c'est l'islamité incarnée dans l'iranité qui constitue la conscience identitaire, y compris pour celles qui ne sont pourtant pas persanophones mais ouzbékophones comme à Samarcande.

Avant de développer ces aspects, je me propose d'abord de souligner les situations dans lesquelles ces femmes mollahs sont amenées à recourir à la langue arabe, conduite nécessitée par la pratique de leur religion musulmane. Ne pouvant nier l'importance de la langue arabe dans la religion musulmane qui est considérée comme sacrée, la plupart des pratiquantes centre-asiatiques n'hésitent pas à s'identifier non pas à des Arabes mais à des musulmanes. Elles sont en effet musulmanes car elles pratiquent la langue arabe lorsqu'elles accomplissent la quintuple prière ou qu'elles s'adonnent à une lecture du Coran à l'occasion d'une grande fête musulmane, comme celle de l'*'îd al-Kabīr*/*qurbon hajit* commémorant le sacrifice d'Abraham.

Cependant, dans leur quotidien, plusieurs de ces femmes pratiquantes emploient des formules ayant une importance capitale dans la religion musulmane. En effet, le recours à des formules religieuses arabes dans leur vie de tous les jours et non lors d'une quelconque cérémonie religieuse à proprement dit, telles que la sourate d'ouverture du Coran (*Fātiḥa*) ou la *Basmalah* [32], ne marque pas une volonté de se distinguer des autres non-musulmans mais traduit davantage leur adhésion à l'islam quelle que soit leur origine ethnique. Elles se sentent ainsi reliées spirituellement à l'*Umma*. L'association de deux référents identitaires, l'un découlant de l'ethnicité, l'autre de la religion, contribue ainsi à définir leur identité. Ces femmes ne revendiquent pas une identité arabe en tant que telle mais reconnaissent plutôt une identité musulmane exprimée par l'usage de l'arabe, y compris sous une forme réduite par la répétition d'expressions pieuses au quotidien. En revanche, deux groupes de femmes revendiquent, elles, une identité arabe :

— Celles qui appartiennent à l'ethnie dite arabe d'Asie centrale. Elles sont ainsi citoyennes de l'Ouzbékistan mais d'ethnie arabe, laquelle est mentionnée sur leur passeport ouzbek ou plutôt d'Ouzbékistan et, enfin, ont une manière de vivre proche de celle de leurs coreligionnaires ouzbèques ou tadjikes. La plupart des Arabes se définissent toujours comme tels alors qu'ils auraient pourtant été ouzbékisés ou tadjikisés. Ils cherchent toujours à se démarquer des autres, même lorsqu'ils ne sont pas arabophones, en raison de la dimension symbolique que recouvre leur appartenance ethnique : dans toute l'Asie centrale, la religion musulmane est associée aux Arabes qui sont toujours perçus comme des « croyants authentiques », ce qui suffit à leur conférer un réel prestige.

---

32. Formule pieuse prononcée quotidiennement par les musulmans avant de commencer une action licite, avant de se servir à table ou de passer, à pied ou en voiture, près d'un lieu saint, par exemple.

— Celles qui ont volontairement adhéré à l'islamisme. Les islamistes, qu'ils soient hommes ou femmes, sont favorables à la constitution d'un Etat islamique entièrement fondé sur la loi religieuse (*šarī'a*). L'identité musulmane telle qu'elle envisagée chez eux et chez elles est entièrement liée au fait ethnique arabe. Plusieurs de mes interviewées islamistes affirment que l'islam est né sur une terre arabe, en Arabie, et désirent imiter le modèle de la communauté des croyants de l'époque du Prophète. Pour ces islamistes, être musulmane équivaut à ne revêtir qu'une seule et unique identité musulmane certes mais synonyme d'arabe, ce qui nécessite d'abandonner leur propre identité ethnique pour s'arabiser [33]. En 1995, des femmes mollahs radicales ont commencé à réintroduire parmi la population le rituel de naissance musulman (*'aqīqa*) qui — semble-t-il — était très peu observé à l'époque soviétique. Bien entendu, cette réintroduction a touché des nouveaux-nés chez qui elles prononcent en arabe à l'oreille droite les traditionnelles formules de l'appel à la prière (*aḏān*) accompagné de leur prénom musulman. Mais cette réintroduction a également touché des femmes pourtant adultes qui avaient été étrangères à la religion musulmane — du temps de l'ancienne Union soviétique — et qui ont décidé de pratiquer une religion, demeurée jusque-là inconnue, après l'accession aux indépendances de leur pays. Ces femmes se sont non seulement conformées aux Cinq piliers de l'islam, mais elles ont également invité une femme mollah chez elle pour accomplir ce rituel de naissance lequel revêt davantage un caractère symbolique : il a marqué leur entrée dans la communauté des croyants par les formules religieuses et par l'adoption d'un nouveau prénom musulman à la place de leur ancien prénom d'origine turcique ou iranienne. Au lieu de continuer à se faire appeler par leurs prénoms usuels tels que Nargiza ou Ughilaï, elles se font désormais appeler par des prénoms purement arabes tels que Ḥadīja ou 'Āyeša qui correspondent à ceux des « Mères des Croyants » (*Umm al-mu'minīn*), titre honorifique désignant les épouses du Prophète. Ce rituel de naissance prend davantage la forme d'un rite de passage puisqu'il met fin à leur ancienne identité d'origine et débouche sur une nouvelle identité de musulmane/arabe par leur conversion à l'islam. En adoptant une identité arabe, elles renoncent volontairement à leurs propres composantes ethniques en essayant d'adopter des comportements identifiés à ceux des femmes arabes d'Arabie Saoudite en imitant leur manière de vivre, entre autres leur tenue vestimentaire, et en se consacrant à l'apprentissage de la langue arabe. De là découle l'idée selon laquelle la « musulmane authentique » est celle qui reste fidèle à la communauté politico-religieuse de Médine fondée par le Prophète, considérée comme le seul modèle légitime [34].

---

33. Ces islamistes en quête d'arabité ont aussi abandonné les caractéristiques traditionnelles de l'islam centre-asiatique, comme la pratique du culte des saints ou la vénération des ancêtres, formes de croyances pourtant largement répandues dans toute l'Asie centrale.
34. Pour de nombreux musulmans centre-asiatiques sunnites, c'est chez les Arabes qu'il faut chercher le « vrai islam », en particulier ceux d'Arabie Saoudite qui habitent sur une terre sainte.

Si les sunnites Ouzbèques ou Tadjikes revendiquent une islamité associée à l'arabité incarnée par l'Arabie Saoudite gardienne des lieux saints de l'islam sunnite, les chiites Iraniennes d'Asie centrale regardent vers l'Iran, leur patrie spirituelle et éponyme. Les Iraniens d'Asie centrale se sentent menacés à double titre : en tant qu'ethnie minorisée et groupe religieux minoritaire, d'autant plus qu'ils vivent dans un environnement majoritairement turcique et sunnite. Si la fonction de mollah est exercée par des femmes appartenant à des nationalités diverses (ouzbèque ou ouïghoure), elle n'est pas exercée de la même manière si l'on est chiite ou sunnite. Comme déjà dit, ces femmes mollahs accomplissent les principaux rituels musulmans ponctuant les cycles de vie et dispensent un enseignement religieux privé à domicile, chez elle, ou dans les rares « sections féminines » des établissements religieux et des mosquées officiels [35]. La nature du savoir transmis par ces femmes au sein de leur foyer et non au sein de l'institution religieuse est différente selon la pratique d'un islam chiite ou d'un islam sunnite. Les femmes mollahs chiites ne s'en tiennent qu'aux préceptes de la doctrine de l'islam duodécimain tandis que celles qui appartiennent au sunnisme s'adonnent, elles, à des rites qui n'ont pas nécessairement une origine islamique, comme la remémoration d'un ancêtre par la lecture de poésies mystiques telles que celles, entre autres, de Bābā Mašrab [36]. Les premières se contentent de raconter en persan des récits consacrés à la vie et la mort de Ḥusayn ou de Fāṭima, par exemple après la prière solennelle du vendredi célébrée dans une mosquée de quartier chiite et regroupant dans une même salle des hommes et des femmes. De même, lors de la célébration de la fête de l'ʿĀšūrā commémorant la mort de Ḥusayn le dixième jour du mois de Muḥarram, elles ne lisent des litanies qu'en persan, y compris pour celles dont l'ouzbek est leur langue maternelle. Les litanies de deuil sont toujours dites en persan, la langue arabe étant uniquement utilisée pour lire le Coran. Ces lectures du Coran commencent dès le 1er jour de la mort d'une personne et se répètent lors des diverses étapes de deuil (3e, 7e, 20e et 40e jours) — , liées aux vieilles croyances des Turcs anciens non encore islamisés —, observées par la majorité des peuples musulmans centre-asiatiques qu'ils soient chiites ou sunnites. Enfin, il n'y a jamais d'improvisation religieuse chez une femme mollah chiite, alors qu'une femme mollah sunnite peut improviser un discours religieux ou une bénédiction en y mêlant des vers mystiques, lorsqu'elle est sollicitée, par exemple, par une ménagère non-

---

35. Dans chaque pays, il existe une *Direction spirituelle des musulmans* présidée par un mufti, qui est chargée de gérer les mosquées et les établissements religieux du pays. Dans les villes comme Samarcande ou Khodjent, des mosquées ou instituts religieux comprennent une « section féminine » dirigée par des femmes mollahs qui ont été recrutées à cet effet. L'Ouzbékistan est le seul pays de l'Asie centrale à disposer de deux *madrasa* entièrement féminines, situées chacune dans les villes de Tachkent et de Boukhara, qui dispensent en réalité un enseignement de type élémentaire.

36. Poète et derviche (1641-1711) né à Namangan et mort à Balkh.

pratiquante mais qui désire sacraliser un événement familial (retour d'un fils de l'armée ou anniversaire).

Pour les Iraniens d'Ouzbékistan, ce n'est pas la langue arabe qui joue dans le processus d'identification musulmane mais le persan, même pour les locutrices ouzbékophones. Il n'y a pas d'adéquation entre une langue maternelle et une langue de religion. D'ailleurs, les femmes mollahs d'ethnie iranienne ne sont pas les seules à utiliser le persan lors de cérémonies religieuses, les Ouzbèques de Boukhara ou de Khodjent utilisent également cette langue persane lors de la pratique de cérémonies religieuses. Par exemple, la litanie de la « Bénédiction nuptiale » (*Salām-nāme*) [37], qui marque l'entrée des jeunes mariés dans le monde de la Paix par l'invocation de Dieu, de Muḥammad et de ses épouses, des prophètes de l'islam, des « grands imams Ḥasan et Ḥusayn », des figures de la sainteté centre-asiatique et, enfin, des ancêtres de chacune des deux familles, est traditionnellement dite en persan quelle que soit la langue maternelle de la femme mollah. Mais il n'est pas rare que cette litanie comprenne des passages en türc tchaghataï, langue littéraire autrefois commune aux peuples musulmans de l'Empire tsariste et dont est issu l'ouzbek. Une des caractéristiques des litanies prononcées par ces femmes mollahs sunnites est qu'elles sont faites d'une juxtaposition d'éléments à la fois arabes, persans et turciques (türc tchaghataï ou ouzbek), langues qui, avant la soviétisation de l'Asie centrale, étaient enseignées dans les *maktab*, tant masculins que féminins, et qui étaient connues des lettrés religieux. La litanie présentée ci-dessous illustre cette juxtaposition de langues, phénomène spécifique à l'Asie centrale. Cette litanie est récitée à diverses occasions : lors de la célébration de la mémoire d'un saint, comme le fondateur de la Qâdiriyya 'Abd al-Qādir Ğīlānī (1088-1166), ou lors du rituel de *Bībī Moškel Gošay*. Elle s'appelle en ouzbek *Salovati šarif* [38] (La Prière du Noble). Elle est dite en ouzbek mais comprend également des mots et des phrases venant aussi bien de l'arabe que du tadjik. Les phrases arabes ne sont pas des formules religieuses, à l'exception d'un élément de la profession de foi (*Lā ilāh-a-illā-llāh*) appelée *Šahāda* et d'un autre issu de la *Fātiḥa* (*al-Raḥmāni Raḥīm*), deux formules qui revêtent une importance capitale dans la religion musulmane :

« 1. Salli a''li Sajjidina, har kim ajtsa har soati

---

37. La *Salâm-nâme* est essentiellement célébrée à Boukhara et Samarcande après l'enregistrement du mariage civil à la mairie et le rite de mariage musulman (*nikâḫ/nikoh*), qui est fait par un homme mollah en présence du père de la mariée et des deux témoins masculins du marié.

38. J'ai recopié cette prière à partir du cahier d'une femme mollah, une Ouzbèque de Khodjent. Cette prière était écrite en caractères cyrilliques, mais a été traduite du tadjik écrit en caractères arabes comme l'indique la présence du complément de détermination persan (*ṣalawât-i šarif*). Selon Achirbek Muminov, chercheur à l'Institut d'Orientalisme de Tachkent, la plupart des litanies dites dans les langues turciques d'Asie centrale ont été traduites du persan alors qu'elles avaient été elles-mêmes initialement traduites de l'arabe. Entretien effectué en juillet 1999 à Tachkent.

2. Duo bylgaj iğobati, Lo Iloha illolooh ! /[Lā ilāh-a-illā-llāh [39]]

3. Salli a''li Sajjidina, har kim ajtsa ummati,

4. Ikki ''olam hurmati, Lo iloha illolooha !/[Lā ilāh-a-illā-llāh]

5. Astarfirylloh al-a''zijm, Lo Iloha illolooh/[Astaġfer-o-llāh [40], al-'Aẓīm, Lā ilāh...]

6. Illo huval-qajjum va atubu ilajhi Omin/[...illā huwā-l-qayyūm wa 'atūbu ilayhi, 'Âmîn !]

7. Va rabbil o''lamijna va jo naasirijna/[Wa rabb-il-'āllamīnâ wa yā nāṣirunā]

8. Birahmatika jo rohmanir rohimijna [41], [Bi-raḥmatika yā raḥmāni raḥīm]

9. Sulton dilam, begad kunad,

10. Sulton dilam, mazam kunad !

11. Sulton bidonad holiman,

12. Sulton barorad koriman !

13. Subhannalloh [Subḥān Allāh] az bahri gam jore tu,

14. Subhannalloh kušojiš kori tu !

15. Subhannalloh ba''izzat kun fajakun,

16. Subhannalloh murodi man hosil kyn !

17. Subhana zul [42] arši-l- a''zijmi,

18. Subhana zul aziz ul hakimi.

19. Subhana zul fazli-l-karim,

20. Subhana-l-malikul [43] qodim !

21. Subhannallohur rohmanir rohim ! [Subḥāna Allāh *al-Raḥmāni Raḥīm* !]

22. Bahri ''ato Muhammad, Muškul kušoji Muhammad,

23. Hoğat ravoe Muhammad, solovati bar Muhammad !

24. Birohmatika jo rohmanir rohimini ! [Bi-raḥmatika yā raḥmāni raḥīm!] »

« 1. Prie sur notre Seigneur, chacun dira "chaque heure",

2. La prière [44] sera exaucée, il n'y a pas de divinité en dehors de Dieu !

3. Prie sur notre Seigneur, chaque membre de la Communauté dira,

39. Ce groupe de mots constitue l'une des deux affirmations qui composent la *Šahâda*, premier et principal des Cinq Piliers de l'islam : « J'atteste qu'il n'y a pas de divinité en dehors de Dieu et que Muḥammad est l'envoyé de Dieu » (*Ašhadu an lā ilāha illā-llāh, wa ašhadu anna Muḥammad-an rasūl-o-llāh*).

40. Cette expression, qui constitue une partie de la prière obligatoire, est constamment prononcée au quotidien, en particulier lorsque l'on recherche le pardon de Dieu. Certaines croyantes la répètent plusieurs fois par jour, au même titre que la *Basmalah*. Elle se compose du verbe arabe *ista'fara* qui signifie « demander pardon ».

41. La fin de la syllabe « nā » a été rajoutée pour rimer avec celle de la phrase précédente.

42. *Zul* est un mot emprunté à l'arabe *ḏūl*, désignant littéralement « celui qui a » [une qualité].

43. C'est le mot arabe *Māliq* qui est employé, et non celui de *Šoh*, plus couramment utilisé en ouzbek.

44. Il s'agit de la prière facultative (*duo*, ouz. ; *du'ā'*, ara.) et non de la prière obligatoire et quotidienne (*ṣalāt*). Le mot arabe *du'ā'* signifie à la fois « invocation » et « vœu » et, comme d'autres termes du vocabulaire religieux, il est passé dans les langues centre-asiatiques.

4. Pour le respect des deux mondes, il n'y a pas de divinité en dehors de Dieu !

5. J'implore le pardon de Dieu, le Suprême [45], il n'y a pas de divinité

6. En dehors de Lui, le Subsistant [46], et je me repens [47], Amen !

7. Souverain de l'univers, notre Protecteur attentif [48]

8. Et avec Ta Miséricorde, Clément, Miséricordieux.

9. Mon cœur de Roi, qu'il me fasse riche ! [49]

10. Mon cœur de Roi, qu'il me donne la santé !

11. Le Roi connaît mon état,

12. Le Roi s'occupe de mes affaires.

13. Que Dieu soit glorifié [50] pour la tristesse de ton amour !

14. Que Dieu soit glorifié ! Qu'il dénoue tes tâches !

15. Que Dieu soit glorifié ! Qu'il accepte avec respect le sacrifice.

16. Que Dieu soit glorifié ! Que mes souhaits soient exaucés !

17. Que Dieu soit glorifié ! Lui, le Très-Haut [51], le Suprême !

18. Que Dieu soit glorifié ! Lui, le précieux Sage [52] !

19. Que Dieu soit glorifié ! Le parfait Généreux [53].

20. Que Dieu soit glorifié ! Le Roi éternel.

21. Que Dieu soit glorifié, le Très bon, le Miséricordieux.

22. Que Dieu soit glorifié ! Le Très bon, le Miséricordieux.

23. Pour le don de Muḥammad, qu'il surmonte les difficultés !

24. Qu'il exauce les vœux ! Prie sur Muḥammad,

25. Notre Seigneur Muḥammad, que le salut soit sur Muḥammad !

26. Avec Ta Miséricorde, Clément, Miséricordieux ! "

***

Actuellement, le persan en tant que langue de religion est en régression au détriment de l'arabe. Il ne subsiste en tant que langue de religion que dans la pratique de l'islam traditionnel chez les femmes mollahs sunnites et chez celles de confession chiite. L'arabe est en progression car de nouvelles femmes mollahs, en particulier les islamistes, s'attaquent à la pratique de l'islam traditionnel. Celles-ci veulent favoriser l'émergence d'un type d'islam militant proche de ceux pratiqués dans certains pays musulmans très conservateurs, comme celui de l'Arabie Saoudite. Il est également en progression car il est de

---

45. *Al-'Aẓīm* est l'un des « plus beaux noms » utilisés par les musulmans pour désigner Dieu.

46. *Al-Qayyūm* est également un nom divin.

47. Le verbe arabe « tāba » désigne à la fois « se repentir » et « se tourner » vers [Dieu].

48. *An-Nāṣir* est un nom divin.

49. Phrase en tadjik, comme les trois autres qui suivent et le deuxième élément du vers 13.

50. *Subḥān Allāh* est une formule pieuse employée au quotidien par les croyants.

51. Le Très-Haut (*al-'Alī*) est aussi un des noms divins mais, dans cette prière, c'est le mot ouzbek *arč* venant de l'arabe ('*arš*, « Trône ») qui est employé, allégorie de la puissance divine.

52. *Al-Ḥakīm* est un nom divin.

53. *Al-Karīm* est un nom divin.

nouveau enseigné dans la majorité des nouveaux établissements religieux officiels apparus depuis la *perestroïka*. De plus, de nombreux musulmans et musulmanes centre-asiatiques peuvent maintenant poursuivre un enseignement religieux dans les universités islamiques étrangères, comme celle d'Al-Azhar en Egypte.

Les exemples de ces femmes mollahs d'Asie centrale est particulièrement intéressant lorsque l'on étudie les mécanismes de représentations identitaires dans des sociétés changeantes. Comme on l'a vu, elles ont une identité plurielle. En effet, elles s'identifient :

- en tant que telles, à l'intérieur de leur propre groupe ethnique mais comme différent d'un autre musulman ou non ;

- en tant que membres de la communauté nationale du pays dans lequel elles vivent qui ne correspond pourtant pas à leur ethnie ;

- et, enfin, en tant que musulmanes.

Si pour les chiites, l'iranité sert d'élément primordial dans l'affirmation de leur identité musulmane, pour les autres, qui sont elles sunnites, c'est l'arabité qui, au contraire, sert de support à l'affirmation de l'identité musulmane.

La particularité des processus d'identification est de s'adapter aux circonstances qui changent le rapport à l'identité. L'identité n'est pas une donne naturelle, elle se construit sur la base de plusieurs référents tant culturels que religieux. Ces référents identitaires ne sont jamais figés : ils s'organisent et peuvent se hiérarchiser en fonction des situations sociopolitiques qui changent, comme dans la nouvelle situation d'indépendance des pays d'Asie centrale. Cependant, lorsqu'un référent identitaire prend une importance plus grande par rapport aux autres, comme cela est le cas de l'élément arabe dans l'islamisme centre-asiatique, la primauté est systématiquement donnée à l'identité religieuse, les autres référents identitaires deviennent non seulement insignifiants, mais ils sont aussi tout simplement niés. De même, chez les chiites iraniennes d'Ouzbékistan, c'est l'élément persan qui prévaut dans la pratique de leur religion, ce qui revient à ne prendre en compte que l'iranité dans la définition qu'elles se donnent.

(کنتاکت دلانگ دان ...)

Contact des langues dans l'espace arabo-turco-persan I

Actes du colloque organisé par l'INALCO (ERISM), l'Université de Téhéran et l'IFRI (9-10 mai 2001, Téhéran),

Textes édités par Taghi Azadarmaki, Christophe Balaÿ, Michel Bozdémir

تهران: انجمن ایران شناسی فرانسه در ایران ، معین، دانشگاه تهران، موسسه ملی زبان های شرقی، ۱۳۸۴، ۱۶ + ۱۴۶ ص.

ص. ع. به فارسی : برخورد زبان ها

فرانسه

ISBN: 964-7603-56-8

فهرستنویسی بر اساس اطلاعات فیپا.

۱. زبان ها ـ برخورد ـ مقاله ها و خطابه ها. ۲. زبان های شرقی. الف بالایی، کریستف،۱۹۴۹، Chiristophe Balay. ب. آزاد ـ ارمکی، تقی، Azadarmaki, Taghi،۱۳۳۶. ج. بوزدمیر، میشل، Bozdemir, Michel. د. انجمن ایران شناسی فرانسه در ایران Institut Français de Recherche en Iran. ه. عنوان

۳۰۶/۴۴   P ۴۰/۵/ز۲ک۹

کتابخانه ملی ایران

م ۱۳۹۹۰ـ۸۳

موسسه ملی زبان های شرقی   دانشگاه تهران   انتشارات معین   انجمن فرانسه در ایران

و با همکاری مرکز گفتگوی تمدن ها

برخورد زبان های عربی - ترکی - فارسی
تقی آزاد ارمکی،کریستف بالایی، میشل بوزدمیر

ناشر: معین
تعداد : ۵۰۰
چاپ اول: ۱۳۸۴
لیتوگرافی : صدف
چاپ : مهارت
صحافی : دیدآور
قیمت : ۱۸۰۰ تومان

شابک ۸ـ۵۶ـ۷۶۰۳ـ۹۶۴
ISBN: 964-7603-56-8

شرح تصویر روی جلد: زندگی و آثار استاد صنیع الملک ۱۲۸۳ـ۱۲۲۹ ق. / یحیی ذکاء ـ ویرایش و تدوین: سیروس پرهام، تهران، مرکز نشر دانشگاهی، سازمان میراث فرهنگی، ۱۳۸۲، از نسخه خطی هزار و یک شب

برخورد زبان های
عربی - ترکی - فارسی
I

تقی آزاد ارمکی، کریستف بالایی، میشل بوزدمیر

دانشگاه تهران

انجمن ایران شناسی فرانسه در ایران

موسسه ملی زبان های شرقی

انتشارات معین

تهران ۱۳۸۴

گنجینه نوشته های ایرانی
شماره ۵۹

گنجینه نوشته های ایرانی در سال ۱۳۴۹
به همت هانری کربن بنیان گذاشته شد

انجمن ایران شناسی فرانسه
تهران، صندوق پستی ۳۴۹۵_۱۵۸۱۵

برخورد زبان های
عربی - ترکی - فارسی
I